vif 1

Headings and symbols that you will find in the book – what do they mean?

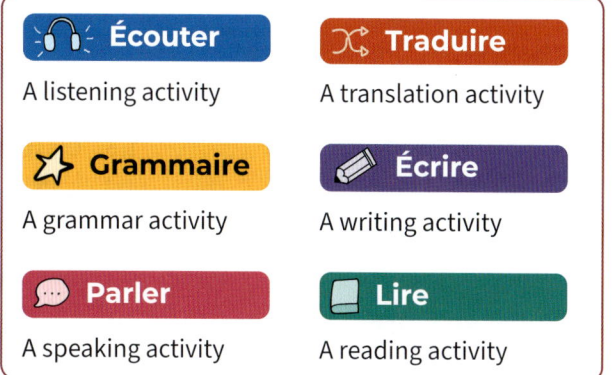

On y va!
Introduction to the unit

C'est clair!
Reinforcement of key vocabulary and grammatical structures
Exploration of metacognitive skills

Francophonie
Learn more about the francophone world

On récapitule
Test what you have learnt

En avant!
Reinforcement and extension activities

Vocabulaire
Key vocabulary from the unit and dictionary skills

Grammaire
Grammar reference

Glossaire
Glossary

Écouter
A listening activity

Traduire
A translation activity

Grammaire
A grammar activity

Écrire
A writing activity

Parler
A speaking activity

Lire
A reading activity

Grammaire
Grammar explanations

Phonétique
Tips on pronunciation

Labolangue
Linguistic information and patterns

Rappel
Reminders of prior learning

Francophonie
Information on the francophone world

En plus
Extra challenges and tips for extending answers

Attention!
Tips on avoiding mistakes

Use your dictionary
Tips on using dictionaries

Thinking about...
Metacognitive skills

Anneli McLachlan
with Jean-Claude Gilles and Amy Bates

Contents

Pages 4–9

Le monde francophone	4–5	En classe	8
Phonétique	6–7	Les mots importants	9

Unit 1 Moi, et mes trucs à moi! — Pages 10–31

On y va!

1.1 C'est quoi, ton truc?
- Nouns and gender
- The singular definite article: *le, la, l'*
- Hobbies and interests

1.2 Tu aimes quoi?
- The present tense of regular *-er* verbs
- Plural nouns and the plural definite article: *les*
- Likes, dislikes and opinions

1.3 Le refuge pour animaux
- The singular indefinite article: *un/une*
- Possessive adjectives: *mon/ma/mes, ton/ta/tes*
- Talking about animals

1.4 Mon école au quotidien
- The verb *avoir* (to have)
- The plural indefinite article: *des*
- Talking about life at school

1.5 C'est la vie!
- Making verbs negative
- Talking about daily life

C'est clair!
- Different persons of the verb: *il/elle*
- Possessive adjectives
- Planning and organising written work
- Activating prior knowledge

Francophonie: La langue française dans le monde

On récapitule

En avant!

Vocabulaire

Unit 2 Ma vie active — Pages 32–53

On y va!

2.1 Mon identité
- The verb *être* (to be)
- Talking about identity
- Talking about the natural world

2.2 Mes passions à moi
- Verb infinitives
- Talking about what you love doing

2.3 Ma vie en ligne
- *Aimer, adorer, détester* + infinitive
- Talking about your life online

2.4 Pourquoi aimes-tu danser?
- Word families
- Talking about hobbies and why you like them

2.5 Ça me stresse!
- The infinitive after *aimer* in the negative
- Talking about what you find stressful

C'est clair!
- Asking and answering questions
- Opinions and reasons

Francophonie: Les passe-temps dans le monde francophone

On récapitule

En avant!

Vocabulaire

Unit 3 Les couleurs du monde — Pages 54–75

On y va!

3.1 Une palette de couleurs
- The verb *voir* (to see)
- *Quel/quelle* (which)
- Colours

3.2 Je vois un monde en couleurs
- *Il/elle* (meaning 'it')
- Adjective agreement
- Describing pictures

3.3 Les couleurs de la nature
- Prepositions of place
- Position of adjectives
- Animals and their location

3.4 Mon portrait en couleurs
- Partitive articles: *du, des*
- The third person (singular and plural) of regular verbs
- Talking about clothes

3.5 Le monde à travers mes yeux
- Plural adjective agreement
- Talking about personal appearance

C'est clair!
- Describing a photo
- Listening for gist

Francophonie: Les tissus traditionnels

On récapitule

En avant!

Vocabulaire

2 deux

Unit 4 L'école pour tous!

Pages 76–97

On y va!

4.1 Je fais du français!
- The verb *faire* (to do)
- The partitive articles: *du, de la, de l', des*
- Talking about school subjects

4.2 Qu'est-ce que tu aimes comme matières?
- Adjectives with agreements
- Giving opinions

4.3 Comment est ton collège?
- The verb *aller* (to go)
- *À* + definite article
- Talking about school facilities

4.4 Ma journée typique
- The pronoun *on*
- Talking about the school day
- Talking about times of the day

4.5 Quel type d'élève vas-tu être?
- Verb infinitives ending *-ir* and *-re*
- The near future tense
- Talking about citizenship

C'est clair!
- Reading for detail
- Strategies for dealing with unfamiliar vocabulary

Francophonie: Le tour du monde scolaire

On récapitule

En avant!

Vocabulaire

Unit 5 Moi et mon avenir

Pages 98–119

On y va!

5.1 C'est quoi, un modèle?
- The relative pronoun *qui*
- Adjective agreement and position
- Talking about role models

5.2 Mes amis et moi
- Comparative adjectives
- *Je voudrais* + infinitive
- Saying what you and your friends are like

5.3 C'est quoi, un bon ami?
- Adverbs of frequency
- The negative form *ne … jamais*
- Talking about what makes a good friend

5.4 Mon boulot, ma passion!
- The verb *vouloir* (to want)
- Referring to the future and the past
- Talking about jobs

5.5 Qualités personnelles, qualités professionnelles
- *Il faut* + infinitive
- Talking about the future

C'est clair!
- Extending and adding interest to written work

Francophonie: Les modèles francophones

On récapitule

En avant!

Vocabulaire

Unit 6 Le monde francophone

Pages 120–141

On y va!

6.1 Mon pays, ma langue
- Prepositions with countries and towns
- Talking about nationalities, where you live and the languages you speak

6.2 Bon appétit!
- *Prendre* in the present tense
- Revisiting the partitive article (*du/de la/de l'/des*)
- Breakfast in different francophone countries

6.3 J'ai faim!
- Expressions with *avoir*
- Revisiting the near future tense and *je voudrais*
- Talking about classic dishes across the francophone world

6.4 On fait la fête!
- Reflexive verbs
- Revisiting *on*
- Talking about festivals in the francophone world

6.5 Et à l'avenir?
- Introducing the future tense
- Talking about what you will do in the future

C'est clair!
- Reading longer texts
- Coping with unfamiliar vocabulary

Francophonie: Le tam-tam

On récapitule

En avant!

Vocabulaire

Pages 142–157

| Grammaire | 142–146 | Glossaire | 147–157 |

trois 3

Le monde francophone

Canada

AMÉRIQUE DU NORD

Guadeloupe

Martinique

Haïti

Caraïbes

Trinité-et-Tobago

Guyane

AMÉRIQUE DU SUD

4 quatre

EUROPE

Belgique
Luxembourg

France

Suisse

Monaco
Andorre
Corse

There are other francophone countries and regions around the world.

Can you find out where they are?

Tunisie
Maroc
Algérie

AFRIQUE

Mauritanie
Sénégal
Mali
Niger
Burkina Faso
Tchad
Nigéria
Togo
Bénin
Côte d'Ivoire
Guinée équatoriale
Cameroun
République centrafricaine
Gabon
Congo
République démocratique du Congo
Rwanda
Burundi
Seychelles
Mayotte
Madagascar
Maurice
La Réunion

cinq 5

Phonétique

Les sons français

Here are some of the key sounds in French.
You will come across more as you learn more French.

i	Makes a long 'ee' sound, like 'cheese' in English. *Belgique*
ç	The tail which appears sometimes under the letter 'c' is called a cedilla and it changes the sound to an 's' sound. *français*
é	Sounds like 'ay' in English (but shorter). *préféré*
e	The letter 'e' on the end of a word is mute (silent), but you can hear the consonant before ('t', 'g'). *courte*
oi	Work together to make a 'wah' sound. *trois*
eu	Work together to make a 'euh' sound. *deux*
ui	Work together to make a 'wee' sound. *huit*
ou	Work together to make an 'oo' sound. *roux*
gn	Work together to make a 'nyuh' sound (as in 'onion'). *ognon*
au	Work together to make an 'oh' sound. *au, restaurant*
in	Work together to make an 'an' sound (as in the middle of 'hand'). *cinq*
en / an	Work together to make a sound like 'on' in English (but very nasal, high in the nose, and you can't hear the 'n'). *en, France*
qu	Work together to make a 'kuh' sound like in 'king' (not 'kwuh' as in 'queen'). *quatre*

Final silent consonants

Most consonants on the ends of words in French are not sounded.

The exceptions are **c, r, f, l**. Remember these as **CaReFuL** consonants.

1 Listen to the sounds and then say them out loud.

2 Create a sound glossary as you work through the course. List words in groups according to a sound they have in common.

ui	oi	an/en
la Suisse	moi	la France
...	...	...

L'alphabet

A a	ah	H h	ah-sh	O o	oh	U u	eew
B b	beh	I i	ee	P p	peh	V v	veh
C c	seh	J j	zhee	Q q	keoo	W w	doobluh veh
D d	deh	K k	kah	R r	ehr	X x	eeks
E e	uh	L l	ell	S s	ess	Y y	ee grehk
F f	eff	M m	ehm	T t	teh	Z z	zehd
G g	zheh	N n	ehn				

1 Listen to the sounds of the alphabet and then say each letter out loud.

2 Which sounds are most like the English letters? Which sounds are different?

sept 7

En classe

Instructions

Lis …	Read …	… la conversation.	… the conversation.
Écoute …	Listen (to) …	… le texte.	… the text.
Écris …	Write …	… un article.	… an article.
Fais …	Make …	… un paragraphe sur …	… a paragraph about …
Recopie …	Copy …	… des questions.	… some questions.
Choisis …	Choose …	… les phrases.	… the sentences.
Complète …	Complete …	… les blancs.	… the gaps.
Relie …	Connect …	… des dialogues.	… some dialogues.
Remplis …	Fill in …	… le bon texte.	… the right text.
		… la bonne image.	… the right image.

Vrai ou faux?	True or false?
Travaillez à deux.	Work in pairs.
À deux, posez des questions et répondez.	In pairs, ask and answer the questions.
Mets dans le bon ordre.	Put into the correct order.

Puis-je aller aux toilettes?
Can I go to the toilet?

Avons-nous des devoirs?
Do we have homework?

J'ai oublié …
I've forgotten …

Je ne comprends pas.
I don't understand.

Comment dit on … en français?
How do you say … in French?

Répétez, s'il vous plaît.
Repeat, please.

J'ai besoin de …
I need …

C'est à quelle page?
What page is that on?

Plus lentement.
More slowly.

8 huit

Les mots importants

Numbers

0	zéro	22	vingt-deux
1	un	23	vingt-trois
2	deux	30	trente
3	trois	31	trente-et-un
4	quatre	40	quarante
5	cinq	41	quarante-et-un
6	six	50	cinquante
7	sept	51	cinquante-et-un
8	huit	60	soixante
9	neuf	61	soixante-et-un
10	dix	70	soixante-dix
11	onze	71	soixante-et-onze
12	douze	72	soixante-douze
13	treize	80	quatre-vingts
14	quatorze	81	quatre-vingt-un
15	quinze	82	quatre-vingt-deux
16	seize	90	quatre-vingt-dix
17	dix-sept	91	quatre-vingt-onze
18	dix-huit	100	cent
19	dix-neuf	200	deux-cents
20	vingt	250	deux-cent-cinquante
21	vingt-et-un	1000	mille

Telling the time

Il est une heure/deux heures/trois heures …

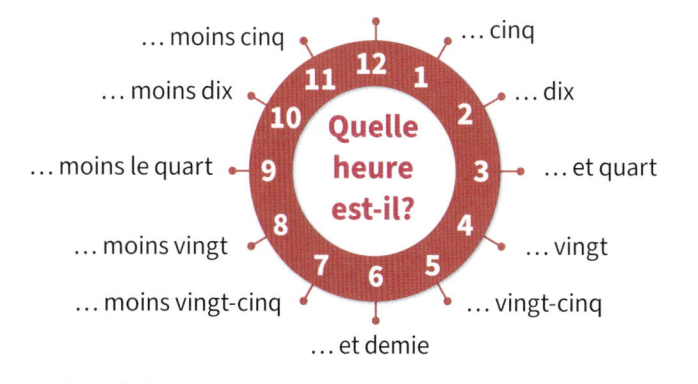

… moins cinq … cinq
… moins dix … dix
… moins le quart … et quart
… moins vingt … vingt
… moins vingt-cinq … vingt-cinq
… et demie

Quelle heure est-il?

10:30 Il est dix heures et demie.
After *midi* (noon) and *minuit* (midnight), demi is always masculine:
12:30 Il est midi et demi. / Il est minuit et demi.

Months

janvier	*January*
février	*February*
mars	*March*
avril	*April*
mai	*May*
juin	*June*
juillet	*July*
août	*August*
septembre	*September*
octobre	*October*
novembre	*November*
décembre	*December*

Days of the week

lundi	*Monday*
mardi	*Tuesday*
mercredi	*Wednesday*
jeudi	*Thursday*
vendredi	*Friday*
samedi	*Saturday*
dimanche	*Sunday*

Conjunctions

et	*and*
mais	*but*
ou	*or*
parce que/qu'	*because*
où	*where*
quand	*when*

Greetings and ages

bonjour!	*hello/good morning!*
salut!	*hello!/hi!*
au revoir	*goodbye*
à tout à l'heure!	*see you later!*
bonne nuit!	*good night!*
(comment) ça va?	*how are you?*
bien, merci	*fine, thanks*
pas mal	*not bad*
comme ci comme ça	*not too bad*
Quel âge as-tu/avez-vous?	*How old are you?*
J'ai douze ans.	*I'm twelve.*
Et toi/vous?	*And you?*

Adverbs of frequency

jamais	*never*
rarement	*rarely*
de temps en temps	*from time to time*
normalement	*normally*
quelquefois/parfois	*sometimes*
souvent	*often*
toujours	*always*

Intensifiers

assez	*quite*
plus	*more*
très	*very*
moins	*less*
trop	*too*

neuf 9

1 Moi, et mes trucs à moi!
On y va!

1 Look at these words from Unit 1. How many do you know already? Make a list.

déjà vu — *a feeling that you have seen or heard something before*

Le français, c'est du 'déjà vu'?

histoire
panthère
célébrité
téléphone   respect
technologie   piano
cruel   alligator
cinéma   danse   théâtre   girafe
recycle
problème   zoo   éléphant
musique   déteste   planète
super   vidéo   animal   sport

Attention!

When you see a lot of words you don't understand, don't worry! It can help if you look for words that are similar to words in English.

Did you know?

- Almost 30% of English words are entirely French in origin.
- English and French have even more in common (up to nearly 60% of English words) because a lot of words in both languages come from Latin.

This means that you know thousands of French words before you even begin!

2 Read about the influence that French has had on the English language. How many of the English words in bold can you find in the French text?

After the **Norman conquest** of England in 1066 by William the **Conqueror** (the **Duke of Normandy**), French became the **language** of the **elite**. At that time, there was not one 'English' language in England, but numerous **local dialects** that **ordinary** people spoke.

Après la conquête normande de l'Angleterre en 1066 par Guillaume le Conquérant (le duc de Normandie), le français est devenu la langue des élites. À l'époque, il n'existait pas une seule langue 'anglaise' en Angleterre, mais de nombreux dialectes locaux que parlaient les gens ordinaires.

The Bayeux Tapestry (ca. 1070) tells the story of the Norman conquest. It's 70 metres long!

10   dix

Moi, et mes trucs à moi! 1

3 Can you find out the correct meaning for these French words? Beware of the false friends!

a grand = big grand thousand
b joli = outing pretty jolly
c coin = coil corner coin
d pièce = piece room peace
e location = allocation location rental
f journée = journey diary day

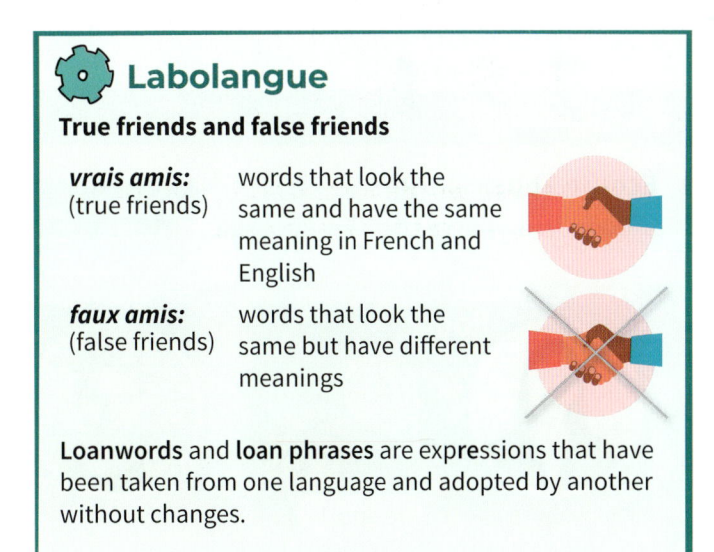

> **Labolangue**
> **True friends and false friends**
>
> **vrais amis:** words that look the same and have the same meaning in French and English
> (true friends)
>
> **faux amis:** words that look the same but have different meanings
> (false friends)
>
> **Loanwords** and **loan phrases** are expressions that have been taken from one language and adopted by another without changes.

4 Match the English definitions to the French words.

1. A place where you can go for a meal.
2. A place where you can see a film.
3. A place where you can have a coffee.
4. A place where you can stay the night.
5. A dark shape created when light is behind a person or object.
6. An item that reminds you of somewhere you have been.

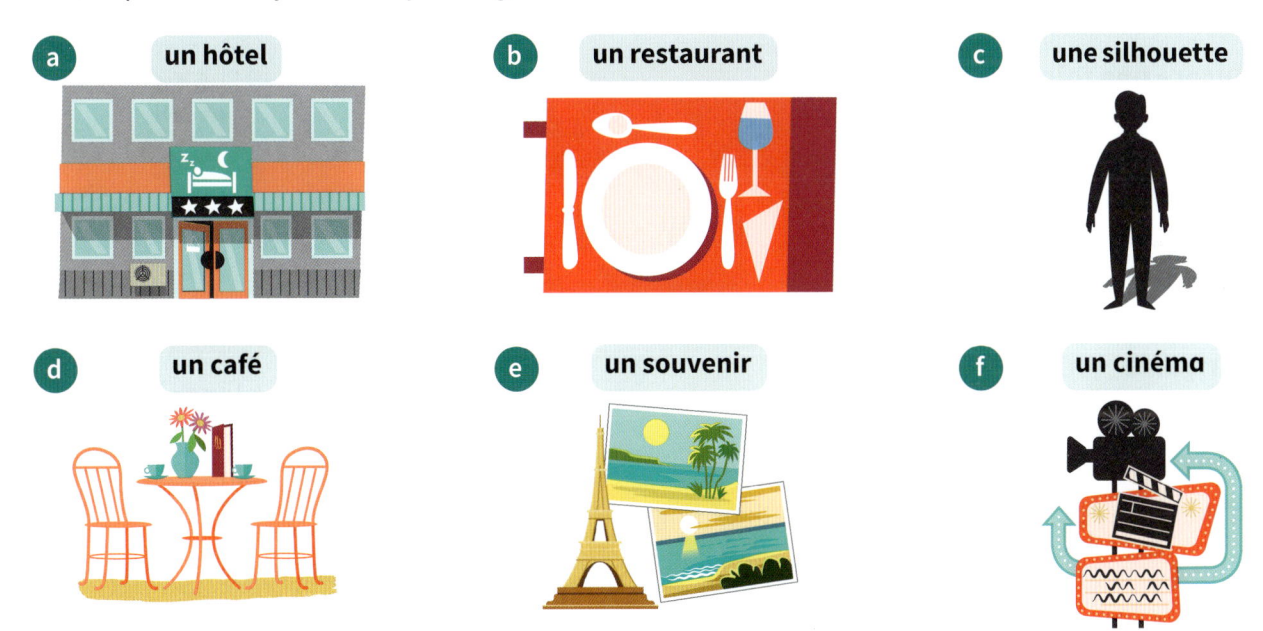

a un hôtel
b un restaurant
c une silhouette
d un café
e un souvenir
f un cinéma

5 In each group, spot the loanword that has been borrowed from French.

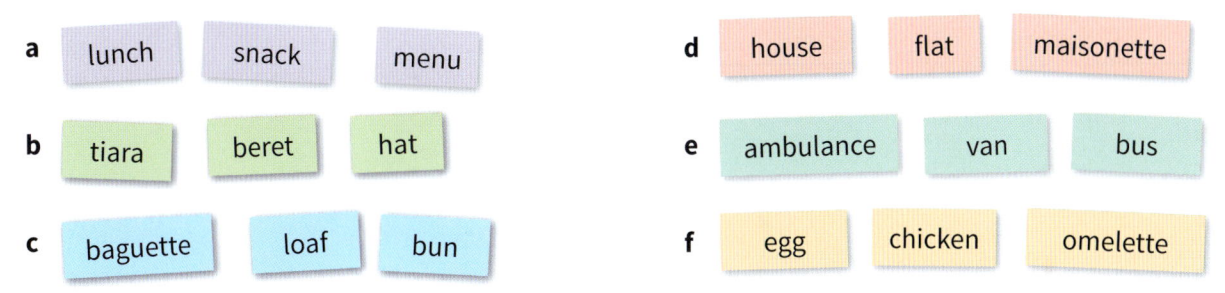

a lunch snack menu
b tiara beret hat
c baguette loaf bun
d house flat maisonette
e ambulance van bus
f egg chicken omelette

onze 11

1.1 C'est quoi, ton truc?

Focus on:
- nouns and gender
- the singular definite articles: le/la/l'
- hobbies and interests

🎧 Écouter

1 Écoute et lis.

Mon truc, c'est…

1. Romy — le sport
2. Eden — la musique
3. Nour — la planète
4. Lola — la mode
5. Sacha — la cuisine
6. Abdoul — l'histoire

2 Écoute encore une fois. Choisis la bonne image.

C'est… *It is/it's…*

a C'est top.
b C'est super.
c C'est cool.
d C'est génial.

⭐ Grammaire WB p. 5
Nouns and gender

In French, all nouns have a gender: masculine or feminine.

The word for 'the' in French (the definite article) has three singular forms:

masculine	feminine	masculine/feminine before a vowel or silent 'h'
le	la	l'
le sport	la musique	l'histoire

When you look up a word in a dictionary, the gender is given in brackets after the word:

footing **(nm)** jogging

nm = masculine noun → *le*

boxe **(nf)** boxing

nf = feminine noun → *la*

⭐ Grammaire

3 Remplis les blancs avec *le*, *la* ou *l'*.

a … tennis (nm)
b … danse (nf)
c … télé (nf)
d … cinéma (nm)
e … basket (nm)
f … foot (nm)

12 douze

Moi, et mes trucs à moi! 1.1

💬 Parler

4 À deux, posez des questions et répondez.

a Ibrahim — top

b Zoé — génial

c Inaya — super

d Léo — cool

e Louise — génial

> C'est quoi, ton nom?
> Mon nom, c'est **Ibrahim**.
> C'est quoi, ton truc?
> Mon truc, c'est **l'histoire**. C'est **top**.

C'est quoi, ton truc?	
Mon truc, c'est…	le sport
	le foot
	le basket
	la mode
	la cuisine
	la musique
	la planète
	l'histoire
C'est top/super/cool/génial.	

⚙️ Labolangue

Faux amis (false friends)

These are words that look like English words but that have a different meaning. Make a list of false friends as you find them. For example, *le foot* is not a foot, it's football!

🌐 Francophonie

Many world languages divide nouns by gender. In French, nouns are always masculine or feminine. However, grammatical gender does not necessarily correspond to what we know as 'male' and 'female', so it's important always to learn the gender of a noun: *la télé* (TV) is feminine and *le cinéma* (cinema) is masculine.

English used to be a gendered language too!

🔀 Traduire

5 Lis l'interview. Traduis en anglais.

Youna Marette

🌍 C'est quoi, ton nom?

👤 Mon nom, c'est Youna Marette.

🌍 C'est quoi, ton truc?

👤 Mon truc, c'est la planète. C'est important.

245 vues
27 OCTOBRE

6 Traduis en français.

a My name is Arthur.

b What's your name?

c What's your thing?

d My thing is dance.

e My thing is history.

treize 13

1.2 Tu aimes quoi?

Focus on:
- present tense of regular -er verbs
- plural nouns and the plural definite article: *les*
- likes, dislikes and opinions

Écouter

et *and*
aussi *also*
mais *but*

1 Écoute (1–3). Recopie et complète la grille.

Tu aimes quoi? 👍	Tu détestes quoi? 👎
1 c, _____	1

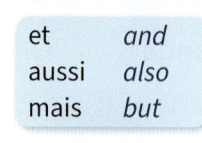

a les bandes dessinées
b les vidéos drôles 
c les jeux vidéo 
d les podcasts 
e les animaux 
f les livres 
g les séries 
h les réseaux sociaux 
i les mèmes 

Parler

2 À deux, posez des questions et répondez. Use the vocabulary from activity 1.

— Tu aimes quoi? Tu détestes quoi?
— Moi, j'aime… et j'aime aussi… Mais je déteste…

⭐ Grammaire WB p. 7
Plural nouns

You have already seen that French nouns all have a gender (masculine or feminine).

In the plural, the word for 'the' (definite article) is *les* for both masculine and feminine nouns.

Most nouns add an *-s* to form the plural:

singular	plural
le podcast	les podcasts
la vidéo	les vidéos

Nouns ending in *-al* change to *-aux*:

l'animal	les animaux

Most nouns ending in *-eu* or *-au* add an *-x*:

le jeu	les jeux
le réseau	les réseaux

Écouter

3 Écoute (1–5). Écris les mots en anglais et choisis la bonne opinion (a–e).

Exemple: **1** video games, e

Tu trouves ça comment, les…?

a Je trouve ça intéressant.
b Je trouve ça drôle.
c Je trouve ça amusant.
d Je trouve ça ennuyeux.
e Je trouve ça nul.

Je trouve ça…	I find that/them…, I think that's/they're…
drôle/amusant	funny
intéressant	interesting
nul	rubbish
ennuyeux	boring

14 quatorze

Moi, et mes trucs à moi! 1.2

Lire

4 Lis les phrases (a–e). Choisis la bonne image de l'activité 1. Le chat Cassius trouve ça positif 😊 ou négatif 😟 ?

Exemple: **a** b 😋

a Cassius aime les vidéos drôles. C'est top! Il trouve ça amusant.

b Cassius aime beaucoup les podcasts. Il trouve ça super intéressant.

c Il aime aussi les jeux vidéo.

d Mais il déteste les réseaux sociaux. Il trouve ça ennuyeux! Super ennuyeux.

e Il déteste surtout les séries. Il trouve ça nul!

> Moi, c'est Cassius et je suis un chat! Je déteste les chiens. Je trouve les chiens ennuyeux!

surtout	above all
un chat	a cat
un chien	a dog
Moi, c'est…	My name is…/I am…

⭐ Grammaire WB p. 7
Present tense of regular -er verbs

There are three main groups of verbs in French. One group is the *-er* verbs, which end in *-er* in the infinitive.

The infinitive of a verb has the stem and the **infinitive ending**:

<u>aim</u>**er** – to like   <u>détest</u>**er** – to hate   <u>trouv</u>**er** – to find

To use the verb in the present tense, remove -er and add the endings shown here in bold:

je détest**e**	I hate
tu détest**es**	you (singular informal) hate
il/elle/on détest**e**	he/she/one hates
nous détest**ons**	we hate
vous détest**ez**	you (plural or formal) hate
ils/elles détest**ent**	they hate

If a verb begins with a vowel, je → j' (je + aime = j'aime) This is called elision. It makes pronunciation easier.

🎤 Phonétique: c and ç

hard 'c': mon tru**c**   **c**ool

soft 'c': **c**'est   **c**inéma

'c' followed by 'e' or 'i' is soft: so**c**ial

'c' with a cedilla ('ç') is soft: **ç**a

⚙ Labolangue

Tu and vous

Tu and *vous* both mean 'you'.

Use *tu* when you speak to another young person, a friend, or someone in your family.

Use *vous* to talk to more than one person, or to an adult you don't know, and in formal situations.

✏ Écrire

5 Tu aimes quoi? Tu détestes quoi? Écris des phrases.

Moi, j'aime… et j'aime aussi…	les podcasts
	les animaux
	les livres
Mais je déteste…	les séries
	les réseaux sociaux
Je trouve ça…	intéressant
	drôle
	amusant
	ennuyeux
	nul

quinze 15

1.3 Le refuge pour animaux

Focus on:
- the singular indefinite articles: *un/une*
- possessive adjectives: *mon/ma/mes, ton/ta/tes*
- talking about animals

Écouter

1 Écoute et lis. Note les animaux dans le bon ordre.

il y a — *there is/there are*

Dans le refuge pour animaux, il y a…

- **a** une panthère
- **b** une otarie
- **c** une tortue
- **d** une girafe
- **e** un singe
- **f** un pélican
- **g** un éléphant
- **h** un buffle

Parler

2 À deux, faites le jeu 'Pictionary'.
A draws an animal from activity 1; B makes a guess in French.

- C'est quoi, mon animal?
- C'est un singe
- Non.
- C'est une girafe.
- Oui!

Phonétique: *ie* and *in*

ie = 'ee' otar*ie*   pél*i*can

in = 'an' (pronounced through your nose) s*in*ge

Grammaire WB p. 9
The indefinite article (un/une)

Remember that the word 'the' in French (the definite article) has three singular forms:

masculine	feminine	masculine/feminine before a vowel or silent 'h'
le	la	l'

The word 'a' in French (the indefinite article) has two forms:

masculine	feminine
un	une

16   seize

Moi, et mes trucs à moi! 1.3

⭐ Grammaire

3 Recopie et complète la grille.

	masculine	feminine	beginning with a vowel or silent 'h'
a/an the	un ___	___ la	un/une ___

4 Crée un dictionnaire!
Write a dictionary entry for all the animals in activity 1.

Exemple: **panthère** (nf) panther

🎧 Écouter

5 Écoute et lis. Recopie les phrases et remplis les blancs.

Drôle d'entretien

C'est quoi, ton nom?

> Moi, c'est Lionel le lion.

C'est qui, ta meilleure amie?

> Ma meilleure amie, c'est une girafe.

Tu aimes les vidéos drôles d'animaux?

> Non, je déteste ça, je trouve ça nul!

C'est quoi, ton truc préféré?

> Mon truc préféré, c'est les jeux vidéo, mais j'aime aussi les mèmes.

a His name is … the …
b His best friend is …
c He doesn't like …
d He finds them …
e His favourite thing is …, but he also likes …

⭐ Grammaire WB p. 9
Possessive adjectives

	masculine	feminine	beginning with a vowel or silent 'h'	plural
my	mon	ma	mon	mes
your	ton	ta	ton	tes

In French, the possessive adjective must agree with the noun that follows (not the person who owns that item). Examples:

chat (m)   my cat → **mon** chat
vidéo (f)   my video → **ma** vidéo
animaux (pl)   my animals → **mes** animaux

mon/ton meilleur ami,   *my/your best friend*
ma/ta meilleure amie

✏️ Écrire

6 Écris un entretien (*interview*) avec Pénélope ou Oscar.
Use the interview in activity 5 to help you.

Nom: Pénélope la panthère
Meilleur ami: le singe
👎 les livres
👍 le tennis et le basket – intéressant

Nom: Oscar l'otarie
Meilleur ami: l'alligator
👎 les séries
👍 la musique et la danse – génial

dix-sept 17

1.4 Mon école au quotidien

Focus on:
- the verb *avoir* (to have)
- the plural indefinite article: *des*
- talking about life at school

Écouter

1 Écoute et lis.

1 Mon nom, c'est Carla. J'habite à Hô-Chi-Minh-Ville au Vietnam. J'ai 14 ans.

Mon lycée, c'est le lycée français Marguerite-Duras de Hô-Chi-Minh-Ville.

Mon truc, c'est le sport.

Nous avons un terrain de foot et un terrain de basket. On a un championnat de football.

C'est super.

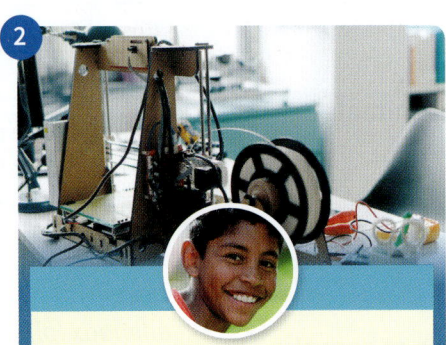

2 Mon nom, c'est Luca. J'habite à Bogota en Colombie. J'ai 13 ans.

Mon lycée, c'est le lycée français Louis-Pasteur de Bogota.

Nous avons une cantine et un fab lab. Le fab lab, c'est un laboratoire de fabrication.

Je trouve ça génial. Actuellement, on a un projet en photographie.

C'est top!

3 Mon nom, c'est Aminata. J'ai 13 ans. J'habite à Dakar au Sénégal.

Mon lycée, c'est le lycée Jean-Mermoz de Dakar.

Nous avons un théâtre et une webradio.

On a aussi des clubs. Mon truc, c'est le club de théâtre.

Si on a une idée, une question, ou un problème, on parle aux professeurs.

Labolangue

Cognates and near-cognates

Some words look similar in French and English. These are called cognates (exactly the same) or near-cognates (nearly the same).

While reading the words, think about what they could mean. Use your knowledge of English and other languages you know.

What cognates and near-cognates can you spot in the activity 1 texts?

Lire

2 Vrai ou faux? Corrige les phrases qui sont fausses.

a Carla's big thing is the theatre.
b The *lycée français Louis-Pasteur de Bogota* has an online radio station.
c Luca likes the fab lab.
d Aminata talks to her teachers if she has a problem.
e They have a football league at Aminata's school.
f Luca currently has a geography project to do.

Francophonie

École is a general word for school. A *lycée* is a high school for years 11 to 13. A *collège* is a middle school, running from years 7 to 10.

Many *lycées* have a *collège* section too. Some also have younger students, from pre-nursery all the way through.

18   dix-huit

Moi, et mes trucs à moi! 1.4

🌐 Francophonie

France, like Britain, used to have an empire, which means that there were many countries (*colonies*) under its rule. France was in charge of different countries during different periods in history. Vietnam and Senegal were French colonies once.

One of the legacies of French colonialism is the French language. Today there are 321 million French speakers outside France. 47% of them live in Africa. In many of these countries, the main language of instruction in schools is French.

⚙️ Labolangue

On and *ils/elles*

The pronoun *on* is very common in French and can mean 'one', 'you' or 'we'. For example, when talking about what we do at school.

Ils and *elles* both mean 'they'. Use *ils* for a group of boys/men or masculine nouns. Use it also for a mixed m/f group.

Use *elles* for a group of girls/women and feminine nouns.

🎧 Écouter

3 Écoute. Recopie et complète la fiche.

Nom:	
Lycée:	le lycée Toulouse-Lautrec
Clubs:	
Cantine?	

💬 Parler

4 À deux, faites un dialogue.

Comment est ton lycée?	
Mon lycée est…	top/super/génial/ennuyeux/nul
On a…? Oui, nous avons… Oui, on a aussi…	une cantine un championnat de football des clubs un fab lab un terrain de basket/de foot un théâtre une webradio

⭐ Grammaire WB p. 11

Present tense of *avoir* (to have)

j'ai	I have
tu as	you (singular informal) have
il/elle/on a	he/she/one has
nous avons	we have
vous avez	you (plural or formal) have
ils/elles ont	they have

If a verb begins with a vowel, *je* → *j'*
This makes pronunciation easier: *je* + *ai* → *j'ai*

In French, you use *avoir* to give your age:
J'ai 13 ans. I am 13 years old. (It literally means, I **have** 13 years.)

The plural indefinite article

Remember that the word for 'a' in French (the indefinite article) is *un* or *une*.

The plural indefinite article, meaning 'some', is *des*.

masculine	feminine	plural
un	une	des

*On a **une** webradio au lycée.*
*On a aussi **des** clubs.*

🔀 Traduire

5 Traduis en français.

a We have a canteen.
b He has a problem.
c Do you (*pl.*) have a football league?
d We have a theatre.
e They (*f.*) have clubs.
f I have a project in photography.

✏️ Écrire

6 Écris un post sur ton école. Utilise les textes de l'activité 1 pour t'aider.

dix-neuf 19

1.5 C'est la vie!

Focus on:
- making verbs negative
- talking about daily life

Écouter

1 Écoute (1–8). Qui parle?

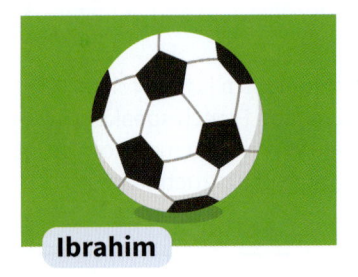

Qu'est-ce que…?   What…?

- Alix
- Yanis
- Ibrahim
- Léonie
- Murad
- Mélanie
- Charlotte
- Mohamed

2 Écoute encore une fois (1–8). Choisis la bonne lettre.

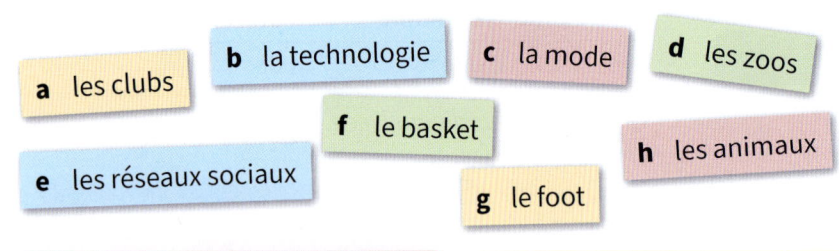

- a les clubs
- b la technologie
- c la mode
- d les zoos
- e les réseaux sociaux
- f le basket
- g le foot
- h les animaux

Écoute encore une fois. Écris des notes en anglais.
Note down any other details.

Exemple: **1** recycles her things

Parler

3 À deux, faites des dialogues.
Take turns to choose a person from activity 1 and ask questions to guess who it is.

- Tu détestes quoi?
- Les animaux, ce n'est pas mon truc.
- Hmm… c'est Alix!
- Oui!

⭐ Grammaire WB p. 13
Making verbs negative

The negative is used to say you do **not** like something, or do **not** have or do something.

To make a verb negative, put *ne* in front of the verb and *pas* after the verb.

Ne ➔ *n'* in front of a vowel or silent 'h'.

Je **n'**aime **pas** la musique.	I don't like music.
On **n'**aime **pas** les zoos.	We don't like zoos.
Ce **n'**est **pas** drôle.	It isn't funny.

To say you do not have something, use *de* instead of *un/une* or *des* before the noun.

Je n'ai pas **de** téléphone portable.	I don't have a mobile phone.
Nous n'avons pas **de** clubs.	We don't have any clubs.

Moi, et mes trucs à moi! 1.5

Lire

4 Lis les textes. Louna et Alexis n'aiment pas quoi?
Écris *deux* listes en anglais.
Write *two* lists in English of the things they don't like.

Voyons… *Let's see…*

Alexis — **Louna**

Alexis: C'est quoi, ton nom?
Louna: Moi, c'est Louna.
Alexis: Tu habites où, Louna?
Louna: J'habite à Paris.
Louna: Et toi, c'est quoi, ton nom?
Alexis: Moi, c'est Alexis.
Louna: Tu habites où, Alexis?
Alexis: J'habite à Montréal.
Alexis: Qu'est-ce que tu détestes, Louna?

Louna: Voyons… les séries, ce n'est pas mon truc. Je déteste ça. Les jeux vidéo, je n'aime pas beaucoup. Je trouve ça ennuyeux. Je n'aime pas l'histoire. Ce n'est pas intéressant. Je préfère la cuisine.

Louna: Et toi, qu'est-ce que tu détestes, Alexis?

Alexis: Les podcasts, ce n'est pas mon truc. Je trouve ça nul. Pour moi, ce n'est pas cool. Et je n'aime pas beaucoup les mèmes. La technologie, ce n'est pas mon truc. Je préfère le sport.

5 Lis les textes encore une fois et fais *deux* listes. Note:
- les formes négatives
- les verbes en *-er* au présent.

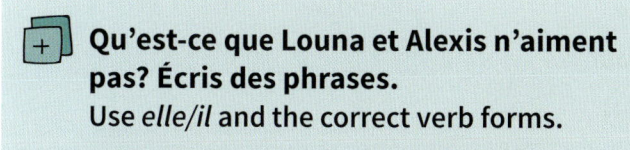

> **Qu'est-ce que Louna et Alexis n'aiment pas? Écris des phrases.**
> Use *elle/il* and the correct verb forms.
>
> *Exemple:* Louna déteste les séries. Elle n'aime pas…

Écouter

7 Écoute et lis. Mets les phrases dans le bon ordre.

a Le bébé n'a pas de téléphone.
b Le bébé n'a pas de problèmes.
c Le bébé n'a pas d'ordinateur.
d Le bébé n'a pas d'idées.
e Le bébé n'a pas de tablette.
f Le bébé n'a pas de voiture.
g Le bébé n'est pas un adulte.
h Le bébé a trois mois.
i Le bébé a une girafe et aime ça!

Le bébé a trois mois. *The baby is three months old.*

Écrire

6 Mets les mots dans le bon ordre. Puis traduis les phrases en anglais.

a n'est | Ce | truc | mon | pas .
b foot | Je | aime | n' | pas | le .
c ai | n' | téléphone | de | pas | Je .
d pas | n' | Il | a | problèmes | de .
e avez | de | cantine | Vous | n' | pas ?
f aimes | n' | musique | Tu | pas | la ?

vingt-et-un 21

1 C'est clair!

Focus on:
- different persons of the verb: il/elle
- possessive adjectives
- planning and organising written work
- activating prior knowledge

Écouter

1 Écoute et lis.

Angèle

Son nom, c'est Angèle.

Son truc, c'est la musique pop. Elle trouve ça génial.

Elle a 28 ans. Elle habite à Bruxelles en Belgique.

Elle a beaucoup de vidéos sur YouTube.

Elle aime la mode, mais elle déteste sa célébrité. Ce n'est pas son truc.

Adam

Son nom, c'est Adam Siao Him Fa.

Son truc, c'est le patinage artistique. Il trouve ça top.

Il aime les sauts. et il adore la chorégraphie… et ses médailles!

Il aime aussi la danse, le hip-hop, le tango et la salsa.

Adam a 22 ans. Il habite à Courbevoie, dans la banlieue de Paris, en France.

Lire

2 Réponds aux questions en anglais.

Who…

a likes fashion?
b loves medals?
c likes dance?
d lives in Belgium?
e has a lot of videos on YouTube?
f likes jumps?

3 Trouve les phrases en français dans les textes.

a Her name is Angèle.
b Figure skating is his thing.
c She hates her fame.
d He loves choreography… and his medals!

4 Trouve les adjectifs possessifs dans l'activité 3.
In your answers to activity 3, underline the French for 'his' or 'her'. What do you notice?

Rappel

Cognates and near-cognates

What kinds of music do Adam and Angèle like? Your knowledge of cognates and near-cognates will help you work out the meaning of words.

| le patinage artistique | figure skating |
| le saut | jump |

Grammaire

5 Recopie et complète la grille.
What patterns can you see?

	masculine item	feminine item	item that begins with a vowel or silent 'h'	plural item
my	mon	_____	mon	mes
your	ton	ta	ton	_____
his	_____	sa	son	_____
her	son	_____	son	ses

22 vingt-deux

Moi, et mes trucs à moi! **1**

> 🔑 **Thinking about writing: Planning and organising your writing**

6 Look at activity 7 below and then look at the questions below. Use the questions to help you plan how you're going to approach activity 7. Make a note of your answers to the questions and discuss them with a partner.

- What might I find tricky?
- What vocabulary will I need?
- What structures do I need to use?
- What have I been asked to do?

> To be a better learner, you need to begin to think about **how** you learn.
>
> Before you start an activity, **plan** how you're going to approach it.
>
> As you progress, you will learn how to **monitor** and **evaluate** your own learning.

7 Écris un texte sur le footballeur Kylian Mbappé. Use the texts in activity 1 to help you.

Example: Son nom, c'est…

Kylian Mbappé
Paris
25 ans
👍 le sport, le foot   ❤️ les jeux vidéo
❤️ le respect   👎 les penaltys

8 After you have finished writing your text, think about and answer these questions.

- How did I do?
- Will I do something differently next time?
- What went well and what didn't go so well?

vingt-trois 23

1 Francophonie

La langue française dans le monde

1 How much do you know about francophone countries? Try the quiz!

Francophonie

« La francophonie, c'est un vaste pays, sans frontières… »
Gilles Vigneault (Canadian singer and poet)

"Francophonie is a vast country, without borders…"
Francophonie is the community of French-speaking people and countries.

1 How many French speakers are there in the world?
 a 80 million
 b 960 million
 c 321 million

2 Where does the French language rank in the most widely-spoken languages in the world?
 a 1st place
 b 3rd place
 c 5th place

3 In how many countries in the world is French the official language or one of the official languages?
 a 8
 b 29
 c 300

4 Which is the largest French-speaking city in the world?
 a Montreal
 b Kinshasa
 c Paris

5 In which European country is French *not* an official language?
 a Spain
 b Switzerland
 c Luxembourg

6 On how many continents is French spoken?
 a 3
 b 4
 c 5

2 In pairs, discuss these questions.

- Which languages are spoken in the UK?
- Do you ever hear French spoken in the UK?
- How many French people live in the UK? In London?

Francophonie

Amadou et Mariam are a Grammy-nominated musical duo. They are both blind people from Mali, and have travelled all over the world sharing Afro Pop and Malian blues. They sing in French, Bambara, Dogon and Bamanan – languages that are spoken in Mali.

3 🎧 Read and listen to the text about Amadou and Mariam. Then copy and complete sentences a–d.
 a Their thing is …
 b They like …, … and …
 c They sing …
 d They have …

Amadou et Mariam

Leur truc, c'est la musique funky afro blues.

Ils trouvent ça génial. Ils aiment les guitares rock, le violon syrien et l'harmonica.

Ils chantent des harmonies vocales.

Ils ont beaucoup de vidéos sur YouTube!

Moi, et mes trucs à moi! — 1

4 Read the text about French speakers around the world. Then read sentences a–e: true or false?

> Beaucoup de francophones sont bilingues ou multilingues.
> - Par exemple, au Maroc et en Algérie, on parle arabe ou berbère et français.
> - En Haïti, on parle créole et français.
> - Au Liban, on parle arabe, anglais et français.
> - Au Sénégal, on parle souvent wolof, français et plusieurs langues régionales.
>
> 34% des personnes qui parlent français habitent l'Afrique subsaharienne et l'océan Indien.

a Lots of French speakers also speak another language.
b People speak French and one other language in Morocco.
c Three languages are spoken in Haiti.
d Wolof is spoken in Senegal.
e More than half of the world's French speakers live in Africa or the Indian Ocean.

Rappel

Cognates and near-cognates

Use your knowledge of cognates and near-cognates to work out the meaning of words you don't know in the text. Try saying them out loud too.

parler	to speak
on parle	people speak/they speak
souvent	often
plusieurs langues régionales	several regional languages

5 🎧 These English words are used in French. Listen to how they are pronounced. In pairs, practise pronouncing the words in French.

- babyfoot
- break
- hamburger
- passingshot
- barbecue
- cafétéria
- motel
- playback
- bluejean
- chewinggum
- nonstop

6 Choose one of these singers and do some research. Try to find out:
- what music they play
- what music they like
- where they live
- what their free-time activities are.

Jul   Aya Nakamura   Soprano

7 Write a few sentences about your chosen singer. Use the text in activity 3 to help you.

Francophonie

The majority of French speakers in sub-Saharan Africa and the Maghreb are between 15 and 24 years old.

Many young people speak French and several other languages.

Africa and its many countries are key in the increase in the number of French speakers in the world, as the population is growing. In Ivory Coast, Cameroon, Congo, Gabon and the Democratic Republic of Congo, French is the main language.

Wesh, wesh?

You may hear this in French-speaking countries. It is 'street language'.

It comes from Arabic and means 'What's going on?', 'What's up?'.

Arabic uses a different script, so this is a version using the Roman alphabet (the alphabet used by most European languages).

vingt-cinq 25

1 On récapitule

Lire

1 Qui aime le sport? Choisis les bonnes phrases.

a   Mon sport préféré, c'est le foot.
b   Moi, mon truc, c'est les animaux.
c   Mon téléphone portable est super.
d   J'adore le tennis.
e   J'aime beaucoup le patinage artistique.
f   Je déteste le sport.
g   J'aime les jeux vidéo.
h   Mon truc, c'est les réseaux sociaux.
i   Le sport? Je trouve ça génial.
j   Le basket, c'est mon sport préféré.

✓ 10

2 Lis le blog d'Éliane. Recopie et complète le texte en anglais.

@Éliane

Moi, j'ai douze ans. J'habite à Paris. Mon truc, c'est la technologie. J'ai un ordinateur et une tablette. Les jeux vidéo, je trouve ça génial. J'aime beaucoup mon téléphone portable. Je n'aime pas beaucoup la télé. Je trouve ça ennuyeux mais j'aime le sport. Mon sport préféré, c'est le patinage. J'aime aussi la musique – c'est top.

Éliane is … years old. She lives in … Her thing is … She has a … and a tablet. She thinks … are great. She loves her … She doesn't like … much and thinks it is … Her favourite sport is … She also likes …

✓ 10

Max. ✓ 20 points

Écouter

3 Écoute (1–5). Recopie et complète la grille en anglais.

	Activity	Opinion: positive (P) or negative (N)?
1		

✓ 10

4 Écoute. Vrai ou faux?

Kaya

a   Kaya a onze ans.
b   Elle aime son chat.
c   Elle a aussi un chien.
d   Elle aime beaucoup les zoos.

Dominique

e   Au lycée, on n'a pas de club de foot.
f   Dominique adore le sport.
g   La photographie, il trouve ça top.
h   Il adore l'histoire.
i   Il aime la technologie.
j   Il n'a pas d'ordinateur.

✓ 10

Max. ✓ 20 points

Moi, et mes trucs à moi! 1

✏️ Écrire

5 Mets les mots dans le bon ordre.

a les   J'aime   animaux   beaucoup .

b super   lycée   Mon   est .

c c'est   Mon   sport   truc,   le .

d trouve   jeux vidéo,   ça   je   Les   intéressant .

e pas   Elle   de   n'a   téléphone portable. .

✓ 5

6 Recopie et complète les phrases.

a Mon nom, c'est …
b J'ai … ans.
c Mon truc, c'est …
d J'aime …
e Je déteste …

f J'habite à …
g Mon sport préféré, c'est …
h … la danse.
i … un chien.
j Mon livre préféré, c'est …

✓ 10

7 Traduis en français.

a What is your name?
b He likes tennis.
c I think history is great.
d I love my school.
e I have a mobile phone.

✓ 5

Max. ✓ 20 points

Tes résultats

How many points did you get? Ask your teacher for the answers.
Write down your score out of a total of 20 for Reading, Listening and Writing.
Find the right combination of Bronze, Silver and Gold activities for you on pages 28–29.

0–6 points	7–12 points	13–20 points
Well done! Do the Bronze activity in the next section.	Great! Do the Silver activity in the next section.	Fantastic! Do the Gold activity in the next section.

vingt-sept 27

1 En avant!

Bronze

1 Read the texts and answer the questions in English.

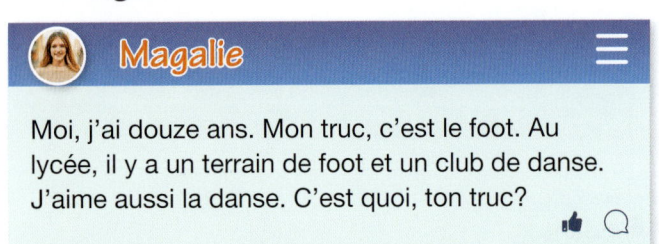

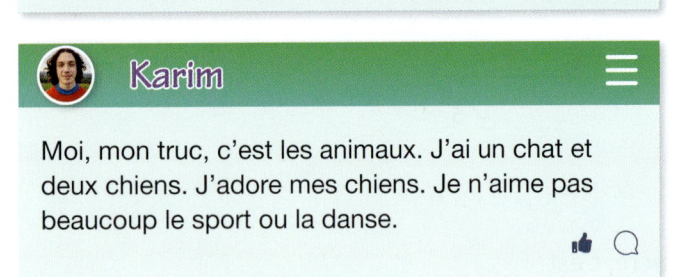

Magalie
Moi, j'ai douze ans. Mon truc, c'est le foot. Au lycée, il y a un terrain de foot et un club de danse. J'aime aussi la danse. C'est quoi, ton truc?

Karim
Moi, mon truc, c'est les animaux. J'ai un chat et deux chiens. J'adore mes chiens. Je n'aime pas beaucoup le sport ou la danse.

a Who mentions his/her age?
b Who is keen on sport?
c Who doesn't like dancing?
d Who mentions pets?
e Who mentions his/her school?

2 What do these people like? Listen (1–6) and write the correct letter.

a books
b football
c theatre
d fashion
e tennis
f technology

3 Answer the questions in French.

a J'aime la cuisine. Et toi?
b J'ai un chien. Et toi?
c J'ai dix ans. Et toi?
d Mon truc, c'est la musique pop. Et toi?
e J'habite à Paris. Et toi?

Argent

4 Lis le mail et les phrases (a–f): vrai ou faux?

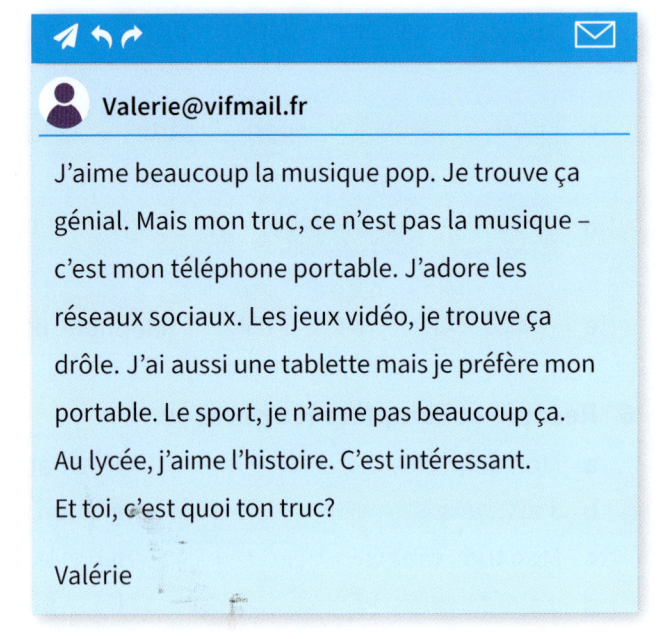

Valerie@vifmail.fr

J'aime beaucoup la musique pop. Je trouve ça génial. Mais mon truc, ce n'est pas la musique – c'est mon téléphone portable. J'adore les réseaux sociaux. Les jeux vidéo, je trouve ça drôle. J'ai aussi une tablette mais je préfère mon portable. Le sport, je n'aime pas beaucoup ça. Au lycée, j'aime l'histoire. C'est intéressant. Et toi, c'est quoi ton truc?

Valérie

a Music is Valérie's thing.
b She doesn't use social media.
c She enjoys video games.
d She doesn't like her tablet as much as her mobile.
e She is keen on sports.
f She likes history at school.

5 Écoute (1–5). Recopie et complète la grille en anglais.

	Likes	Dislikes
1		

6 Écris (40 mots) ton opinion sur:
- le sport
- la musique
- ton portable
- la télé.

28 vingt-huit

Moi, et mes trucs à moi! 1

Or

7 Lis le message. Réponds aux questions en anglais.

Enzo

245 vues

Moi, j'adore les animaux. Au refuge pour animaux, j'aime surtout les singes, les girafes et les éléphants. J'ai un chat et un chien. Mon chat, son nom, c'est Mignon et mon chien, c'est Justin. Mignon a deux ans et Justin a cinq ans. Je préfère mon chat. Il est super.

Mes trucs, c'est les animaux et aussi le sport. J'aime beaucoup le tennis, le foot et le patinage. Mon sport préféré, c'est le patinage. Et toi, ton animal préféré, c'est quoi? Ton sport préféré, c'est quoi? C'est quoi, ton truc?

a Which three wild animals does Enzo mention?
b Give **one** detail about Mignon and **one** detail about Justin.
c Name Enzo's favourite pet.
d What is Enzo's favourite sport?
e What **three** questions does Enzo ask his friend?

8 Écoute. Recopie et complète la grille en anglais.

Name	Ibrahim
Age	
Lives in…	
Likes	
Opinion	
Dislikes	
Opinion	
Animals	1 _____
	2 _____
Favourite subject at school	
Opinion	

9 Écris un paragraphe (60–80 mots). Mentionne:
- ton nom
- ton âge
- où tu habites
- ton truc
- tes animaux préférés
- ton opinion sur le sport, la musique et ton portable.

En plus

Use different phrases to express your opinion: *j'aime, j'adore, je n'aime pas, je déteste, je trouve ça…*

After giving an opinion, give a reason for it: *J'aime la danse. C'est super.*

Take care with the spelling of near-cognates. They are similar to English but not exactly the same: for example, *la musique, la danse, les animaux, je préfère, un problème, la télé, une tablette.*

vingt-neuf 29

1 Vocabulaire

1.1 C'est quoi, tron truc?
What is your thing?

	C'est quoi, ton nom?	What is your name?
	C'est quoi, ton truc?	What is your thing?
	Moi, c'est…/Mon nom, c'est…	My name is…
	Mon truc, c'est…	My thing is…
le	basket	basketball
le	cinéma	cinema
le	foot	football
le	sport	sport
le	tennis	tennis
la	cuisine	cooking
la	danse	dance
la	mode	fashion
la	musique	music
la	planète	the planet
la	télé	TV
l'	histoire	history
	top, génial	great
	super	super
	cool	cool

1.2 Tu aimes quoi?
What do you like?

	aimer	to like
	détester	to hate
	trouver	to find
	Tu aimes quoi?	What do you like?
	J'aime…	I like…
	Tu détestes quoi?	What do you hate?
	Je déteste…	I hate…
	Tu trouves ça comment,…?	How do you find…?
	Je trouve ça…	I find that/them…, I think that's/they're…
les	animaux	animals
les	bandes dessinées	comic books
les	jeux vidéo	video games
les	livres	books
les	mèmes	memes
les	podcasts	podcasts
les	réseaux sociaux	social media
les	séries	series
les	vidéos drôles	funny videos
	(super) intéressant	(super) interesting
	drôle/amusant	funny
	ennuyeux	boring
	nul	rubbish
un	chat	a cat
un	chien	a dog
	et	and
	aussi	also
	mais	but
	surtout	above all

1.3 Le refuge pour animaux
The animal shelter

	(Dans le refuge pour animaux), il y a…	(In the animal shelter), there is/are…
un	buffle	buffalo
un	éléphant	elephant
un	pélican	pelican
un	singe	monkey
une	girafe	giraffe
une	otarie	sea lion
une	panthère	panther
une	tortue	turtle
	C'est qui, ton/ta meilleur(e) ami(e)?	Who is your best friend?
	mon/ton meilleur ami, ma/ta meilleure amie	my/your best friend

1 Moi, et mes trucs à moi!

1.4 Mon école au quotidien
My everyday school life

	avoir	to have
	J'ai … ans.	I'm … years old.
	J'habite à	I live in…
	Nous avons/On a…	We have…
	Comment est ton lycée?	What is your school like?
	Mon lycée est…	My school is…
un	championnat de football	football league
un	fab lab	fab lab
un	projet en photographie	photography project
un	terrain de foot	football pitch
un	terrain de basket	basketball court
un	théâtre	theatre
une	cantine	canteen
une	webradio	online radio station
des	clubs	clubs
une	idée	idea
une	question	question
un	problème	problem
l'	école	school
le	collège	middle school
le	lycée	high school

1.5 C'est la vie!
That's life!

	Qu'est-ce que tu détestes?	What do you hate?
	Je déteste…	I hate…
	Je n'aime pas…	I don't like…
	Pour moi…	For me…
	Je préfère…	I prefer…
le	basket	basketball
le	foot	football
la	mode	fashion
la	technologie	technology
les	animaux	animals
les	clubs	clubs
les	réseaux sociaux	social networks
les	zoos	zoos
	Ce n'est pas mon truc.	It's not my thing.
	Je n'ai pas…	I don't have…
	On n'a pas…	We don't have…
	de téléphone portable	a mobile phone
	d'ordinateur	a computer
	de tablette	a tablet
	de voiture	a car
	d'animaux	any animals
	de clubs	any clubs
	de problèmes	any problems

📖 Use your dictionary: *un/une* or *le/la/l'*

When you look up an English noun, your dictionary tells you whether the French noun is masculine or feminine, e.g.

fox *noun* **le renard** *masc*   masculine, so: **the** fox = *le* renard   **a** fox = *un* renard

wasp *noun* **la guêpe** *fem*   feminine, so: **the** wasp = *la* guêpe   **a** wasp = *une* guêpe

- Always copy the French words correctly, including accents.
- Note the gender of nouns (masculine or feminine).
- Then decide how you need to use the noun:
  - if you want to say 'the …' use *le/la/l'*
  - if you want to say 'a …' or 'an …' use *un/une*.

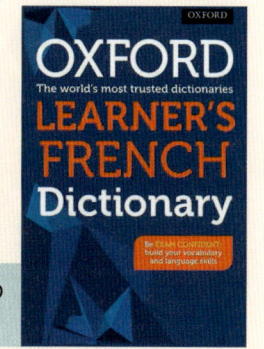

Use your dictionary for more help with nouns and their genders.

trente-et-un 31

2 Ma vie active
On y va!

1 Where could you go to do these activities? Match the activities with the photos.

1. faire du sport
2. lire des livres
3. écouter de la musique
4. faire de la cuisine
5. regarder des animaux
6. danser
7. visiter la forêt
8. nager

a. la réserve du Bafing au Mali

b. le lac Léman en France et en Suisse

c. la Maison symphonique au Canada

d. la Bibliothèque nationale de France

e. l'École des Sables au Sénégal

f. Le Cordon Bleu en France

g. le stade national de la Côte d'Ivoire

h. la forêt congolaise en République démocratique du Congo

32 trente-deux

Ma vie active 2

2 Do you enjoy doing the things listed in activity 1? Copy the table and add activities 1–8 to the most appropriate columns for you.

J'aime	Je n'aime pas	J'adore	Je déteste

> **Francophonie**
> In 2021, the French government introduced the Culture Pass (*le pass Culture*) for 15- to 18-year-olds. Users download an app and have until their 18th birthday to spend €300 on activities such as museums, books, art and even some streaming services. What would you spend yours on and why?

3 Look at these sets of words. Work out which word is the odd one out and why.

a   j'aime   j'adore   je déteste

b   j'adore   je n'aime pas   je déteste

c   génial   ennuyeux   magnifique

d   nul   super   ennuyeux

e   le basket   le foot   la musique

f   les livres   les jeux vidéo   la télé

4 Read the profile of the basketball player, Gorgui Dieng. Copy and complete the sentences about him.

a   Il adore … et …
b   Sa famille habite au …
c   Il parle …, … et …
d   Son prénom est … et son nom de famille est …
e   Il est … professionnel.
f   Il a … ans.

Nom: Gorgui Dieng
Âge: 32 ans
Nationalité: sénégalais (du Sénégal)
Langues: wolof, français, anglais
Profession: joueur de basket
Passions: jouer au tennis, parler avec ses amis

> **Francophonie**
> Wolof is a national language of Senegal and about half of the population speak it as their first language.
> Although French is Senegal's official language, it is only spoken by about a third of the population, and mainly as a second language.

trente-trois 33

2.1 Mon identité

Focus on:
- the verb *être* (to be)
- talking about identity
- talking about the natural world

Écouter

1 Écoute et lis.

L'identité

Je suis comme ça et c'est comme ça que je suis.
Tu es comme tu es et je suis comme je suis.

C'est quoi ton nom?
Tu es comment, déjà?
Tu es comme tu es et je suis comme je suis.

Le garçon là-bas, le garçon, c'est qui?
Il est comme il est et je suis comme je suis.

La fille là-bas, la fille, c'est qui?
Elle est comme elle est et je suis comme je suis.

C'est juste comme ça! C'est comme ça que c'est.
Je suis comme je suis et je suis qui je suis!
L'identité, l'identité, l'identité, l'identité…
L'identité, l'identité, l'identité, l'identité…

le garçon	the boy
là-bas	over there
la fille	the girl

Lire

3 Mets la traduction dans le bon ordre.
Put the translation of the song into the correct order.

a ♪ The boy over there, the boy, who is he?
He is as he is and I am as I am.

b ♪ The girl over there, that girl, who is she?
She is as she is and I am as I am.

c ♪ What's your name?
What are you like? You are as you are and I am as I am.

d ♪ I am like that and that's how I am.
You are as you are and I am as I am.

e ♪ It's just like that! That's how it is,
I am as I am and I am who I am!

Parler

2 À deux, lisez les deux premières lignes à haute voix.
In pairs, read the first two lines aloud.

Phonétique: *u* and *ui*

u = 'oo' with pursed lips
t*u*   j*u*ste
ui = 'wee'
je s*ui*s
Note that the final 's' of *suis* is silent: *suis* = 'swee'

⭐ Grammaire WB p. 15
Present tense of *être* (to be)

You have already used some parts of *être* in phrases like these:

Je **suis** un chat.	I am a cat.
C'est super!	It's cool!
C'est quoi, ton nom?	What's your name?

Here are all the forms of *être* in the present tense:

je suis	I am
tu es	you (singular informal) are
il/elle/on est	he/she/one is
nous sommes	we are
vous êtes	you (plural or formal) are
ils/elles sont	they are

Être ou ne pas être: telle est la question!

34 trente-quatre

Ma vie active 2.1

⭐ Grammaire

4 Recopie et complète le texte. À deux, répétez.

Nous sommes comme ça et c'est comme ça que nous 1…

Vous 2… comme vous 3… et nous sommes comme nous 4…

Les mecs, là-bas, ils 5… comment?

Ils 6… comme ils 7… et nous 8… comme nous sommes.

Les filles là-bas, les filles, c'est qui?

Elles sont comme elles 9… et je 10… comme je suis.

C'est comme ça que c'est. 11 C'… juste comme ça.

L'identité! Je 12… unique!

| les mecs | the guys |
| les filles | the girls |

🎧 Écouter

5 Écoute et vérifie.

Labolangue

Gender-neutral pronouns

Did you know? There's a gender-neutral pronoun in French: *iel* is a combination of the words for 'he' and 'she', *il* and *elle*. Some people use it in a similar way to the singular pronoun 'they' in English.

📖 Lire

6 Relie les hashtags et les images.

1 #JeSuisL'Océan
2 #VousÊtesLaForêt
3 #IlEstLeCiel
4 #ElleEstLeSoleil
5 #OnEstLaLune
6 #NousSommesLesFleurs
7 #TuEsL'Arbre
8 #IlsSontLesAnimaux
9 #EllesSontLesÉtoiles

7 Traduis les hashtags en anglais.

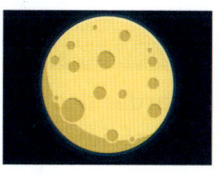

✏️ Écrire

8 Écris des hashtags avec le verbe 'être'. Utilise les animaux de la page 16.

Exemple: #NousSommesLesOtaries
#WeAreTheSeaLions

Écris ta propre version (*your own version*) du rap. Utilise les animaux à la page 16.

Exemple: Le buffle là-bas, le buffle, c'est qui?

trente-cinq 35

2.2 Mes passions à moi

Focus on:
- verb infinitives
- talking about what you love doing

🎧 Écouter

1 Écoute (1–10). Choisis la bonne lettre.

C'est quoi, ta passion?

Ma passion, c'est…

faire — to do or to make

- a **faire la fête**
- b **faire la cuisine**
- c **faire du sport**
- d **faire des activités de plein air**
- e **décorer ma chambre**
- f **regarder des films/ des séries/la télé**
- g **écouter de la musique**
- h **jouer à des jeux de société**
- i **méditer**
- j **voir des amis**

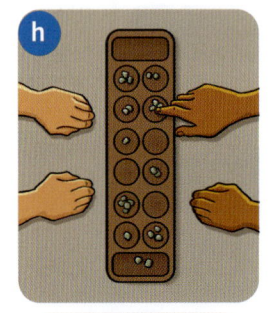

⭐ Grammaire

2 Trouve *sept* infinitifs dans l'activité 1. Traduis en anglais.

⭐ Grammaire WB p. 17
Verb infinitives

You have already met verbs in the infinitive form: *aimer, détester, trouver, voir*.

Here, the infinitive is used after *C'est…* (It is…):

*Ma passion, c'est **écouter** de la musique.*
My passion is **to listen**/**listening** to music.

*Ma passion, c'est **méditer**.*
My passion is **to meditate**/**meditating**.

💬 Parler

3 Fais un sondage. Pose la question à *dix* personnes.
Do a survey. Ask **ten** people.

C'est quoi, ta passion?

Ma passion, c'est écouter de la musique.

	Nom	Activité
1	Monique	musique
2	Alex	

36 trente-six

Ma vie active — 2.2

Écouter

4 Écoute (1–4). Note la bonne lettre (activité 1).
Exemple: **1** b

5 Écoute encore une fois (1–4): « Parce que… »
Note la bonne lettre.

a Parce que c'est trop bien.

b Parce que c'est magnifique.

c Parce que je trouve ça rigolo.

d Parce que je trouve ça merveilleux.

Labolangue

Giving reasons

Parce que means 'because'.
Pourquoi c'est ta passion? — Why is it your passion?
Parce que je trouve ça rigolo. — Because I find it funny.

Parler

6 À deux, faites des dialogues.

- C'est quoi, ta passion?
- Ma passion, c'est…
- Pourquoi c'est ta passion?
- Parce que c'est…/ Parce que je trouve ça…

Dis pourquoi tu es d'accord!
Say why you agree!
Exemple: Je suis d'accord. C'est…

| Je suis d'accord. | I agree |
| Tu es d'accord? | Do you agree? |

C'est quoi, ta passion?	
Ma passion, c'est …	faire la fête.
	faire la cuisine.
	faire du sport.
	faire des activités de plein air.
	regarder les films/des séries/la télé.
	méditer.
	jouer à des jeux de société.
	écouter de la musique.
	voir des amis.
Pourquoi c'est ta passion?	
Parce que c'est/ je trouve ça …	top, super, cool, trop bien, génial, intéressant, amusant, rigolo, drôle, merveilleux, magnifique
Je suis d'accord. C'est…	

Écrire

7 C'est quoi, ta passion? Fais un poster!

C'est quoi, ta passion?

Ma passion, c'est méditer…

Parce que je trouve ça top!

trente-sept 37

2.3 Ma vie en ligne

Focus on:
- aimer, adorer, détester + infinitive
- talking about your life online

Lire

1 Trouve les paires.

I like…	J'aime…
1 to follow lessons online	a contacter des copains
2 to watch tutorials online	b suivre mes comptes préférés
3 to do research	c lire
4 to listen to music	d jouer à des jeux vidéo
5 to contact friends	e faire des recherches
6 to read	f regarder des tutos en ligne
7 to follow my favourite accounts	g écouter de la musique
8 to play video games	h suivre des cours en ligne
9 to add friends	i faire la fête avec mes copains en ligne
10 to have parties with my friends online	j ajouter des amis

Rappel

Working out meanings

Use your knowledge of French and English to try to work out meanings, especially:
- cognates and near-cognates
- matching up verb forms.

Écouter

2 Écoute (1–10). Choisis la bonne lettre (activité 1).

Exemple: **1** c

Grammaire WB p. 19
Aimer/adorer/détester + infinitive

You have already met the present tense of the regular -er verbs *aimer*, *adorer* and *détester* on page 15. They all follow the same pattern, with the endings shown in bold:

j'ador**e**	I love
tu ador**es**	you (singular informal) love
il/elle/on ador**e**	he/she/one loves
nous ador**ons**	we love
vous ador**ez**	you (plural or formal) love
ils/elles ador**ent**	they love

After any of these verbs, you can add a verb infinitive to say what you like, love or hate doing:

J'adore **ajouter** des amis. — I love adding/to add friends.

Elle déteste **écouter** de la musique. — She hates listening/to listen to music.

Tu aimes **jouer** à des jeux vidéo? — Do you like playing/to play video games?

Lire

3 Choisis la bonne forme du verbe. Traduis les phrases en anglais.

a On **adore/adorent** jouer à des jeux vidéo.

b Tu **aimes/aime** suivre des cours en ligne?

c Je **détester/déteste** faire des recherches.

d Nous **aimez/aimons** contacter des copains.

e Ils **adorent/adorons** écouter de la musique.

Labolangue

French slang

A slang verb for *aimer* is *kiffer*. This comes from Arabic and means 'to be into something' or 'to like' something.

Je kiffe… Tu kiffes quoi?

Can you write out all the present tense forms of *kiffer*?

38 trente-huit

Ma vie active — 2.3

🎧 Écouter

4 Écoute et lis.

être fan de…   to be a fan of…

Qu'est-ce que tu aimes faire en ligne?

Je suis Kossiwa. J'habite à Lomé.
Je suis fan de jeux vidéo. Je aime aussi lire en ligne mais je déteste regarder des tutos en ligne, surtout les tutos de sport. Je trouve ça ennuyeux.

Je suis Olivia. J'habite à Montréal.
En ligne, j'aime faire des recherches. J'aime aussi suivre des cours en ligne mais je déteste écouter de la musique. Je trouve ça nul.

Je suis Alex. J'habite à Paris.
En ligne, j'aime contacter des copains. J'aime aussi suivre mes comptes préférés mais je déteste faire la fête avec mes amis en ligne. Ce n'est pas intéressant.

5 Recopie et complète les phrases en anglais.

a   Kossiwa is a fan of … He also likes to …
b   Kossiwa doesn't like … He finds it …
c   Olivia likes to … and also to …
d   Olivia hates … She finds it …
e   Alex likes to … and also to …
f   Alex doesn't like … He doesn't find it …

💬 Parler

6 À deux, inventez une conversation avec les activités et les adjectifs.

> Qu'est-ce que tu aimes faire en ligne?
>
> J'adore… et j'aime aussi… Et toi?
>
> J'aime… Mais je déteste… Je trouve ça…

Activités: faire des recherches, lire, suivre mes comptes préférés, ajouter des amis, contacter des copains, regarder des tutos de sport en ligne

Adjectifs:
❤ super, cool, intéressant
👎 nul, ennuyeux, pas intéressant

⚙ Labolangue

Asking questions

You have already learnt these question words:

Comment?	How?
Quoi?	What?
Où?	Where?
Qui?	Who?
Pourquoi?	Why?

Qu'est-ce que…? is another way to ask the question 'What…?'

Qu'est-ce que tu aimes faire en ligne?
What do you like doing/to do online?

✏ Écrire

7 Écris un post sur toi.

- Start with who you are: *Je suis…*
- Add where you live: *J'habite à…*
- Write what you like doing online: *J'adore… et j'aime aussi…*
- Write what you hate doing: *Je déteste…*
- Give a reason: *Je trouve ça…*

trente-neuf 39

2.4 Pourquoi aimes-tu danser?

Focus on:
- word families
- talking about hobbies and why you like them

🎧 Écouter

1 Écoute et lis.

1 Bo
Ma passion, c'est décorer ma chambre. C'est amusant. J'adore tout ce qui est décor et décoration. J'aime aussi méditer. La méditation, c'est relaxant.

2 Axel
Moi, mon truc, c'est la danse! Je suis danseur. J'aime danser le hip-hop, c'est mon style de danse préféré, mais j'aime aussi le swing et la danse moderne. Je trouve ça relaxant et énergisant!

3 Nessi
Moi, je suis fan de lecture, c'est ma passion. J'adore lire! Je trouve ça passionnant.
J'aime aussi acheter des livres.

4 Yanis
J'aime contacter mes amis en ligne. L'amitié, le contact avec les amis, c'est mon truc. Je trouve ça très important. En ce moment, je n'ai pas de petite amie.

5 Laura
J'aime beaucoup jouer à des jeux vidéo. Je suis joueuse professionnelle. Les jeux vidéo, c'est vraiment mon truc, mais je suis aussi fan de natation. J'adore nager. C'est énergisant!

6 Matt
Moi, j'adore faire la cuisine! Je suis cuisinier! J'aime cuisiner des tajines et du couscous. La cuisine marocaine, c'est délicieux! Et le baklava, quel délice! Chez moi, nous avons une grande cuisine.

📖 Lire

2 Vrai ou faux?
a Bo loves to decorate his room.
b Axel likes to dance the tango.
c Nessi hates reading.
d Yanis thinks that friendship is important.
e Laura is a professional video game player.
f Matt only cooks desserts.

3 Trouve dans l'activité 1 les noms (*nouns*) et les infinitifs (*verb infinitives*). Écris *deux* listes.

Exemple: Noms: décor, … Infinitifs: décorer, …

⭐ Grammaire WB p. 21
Word families

When you are learning a language, one way of increasing your vocabulary is by learning different types of words within word families. A word family is a group of words that usually share the same root word.

For example, in activity 1, you meet both nouns and verbs related to the root word *danse* (*danser*, *danseur/danseuse*).

Get into the habit of making connections when you learn words.

jouer is a verb. It ends in -*er*, so it's an infinitive. It means 'to play'.

What other words do I know related to *jouer*?

petit ami/petite amie	boyfriend/girlfriend
chez moi	at my house, at home

40 quarante

Ma vie active — 2.4

Lire

4 Choisis l'intrus. Donne une raison en anglais.
Spot the odd one out. Give a reason in English.

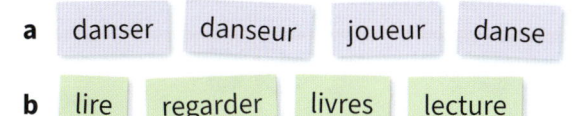

a danser   danseur   joueur   danse

b lire   regarder   livres   lecture

c cuisine   décoration   jeux   contacter

d méditer   faire   livre   jouer

Parler

5 À deux. Choisis une personne de l'activité 1 et décris ta passion. Ton/Ta partenaire dit qui tu es.

J'adore lire…

Tu es Nessi.

Lire

6 Lis le texte. Réponds aux questions en anglais.

Les jeunes, qu'est-ce qu'ils aiment faire?

Les jeunes aiment faire la fête car ils aiment beaucoup voir des amis. Ils aiment aussi aller dans des cafés.

Les jeunes adorent être connectés. Ils adorent danser ensemble.

En ligne, ils aiment télécharger de la musique et des vidéos. Ils aiment écouter de la musique sur leur téléphone portable.

Les jeunes aiment beaucoup lire des BD (bandes dessinées) et des mangas.

Les jeunes aiment jouer à des jeux vidéo, comme par exemple, des jeux de super-héros, des jeux de sport ou des jeux de stratégie.

Les jeunes aiment faire du sport. Ils aiment faire des activités de plein air.

a According to the text, why do young people like to have parties?
b What do young people like to do on the internet?
c What do young people like to read?
d What type of video games do young people like?
e Translate the final two sentences into English.

Francophonie

In many francophone countries, cafés were the equivalent of the online community today. People came to chat and exchange news. While these traditional cafés are still popular, there is also a new type of café on the rise: *le café associatif* (community café). These cafés are non-profit and focus on a variety of themes and projects. From art classes to environmental projects and conversation groups, they all share the same goal: to bring people together.

Traduire

7 Traduis en français.

a My passion is doing outdoor activities.
b I love to read comic books and I also like to see friends.
c Karim really likes to play video games because it's cool.
d I hate meditating. It is not my thing.
e They like to see friends and to dance together.

télécharger	to download
car	because
ensemble	together

quarante-et-un

2.5 Ça me stresse!

Focus on:
- the infinitive after *aimer* in the negative
- talking about what you find stressful

Écouter

1 Écoute Skye (1–10) et regarde les images (a–j). Choisis la bonne lettre.

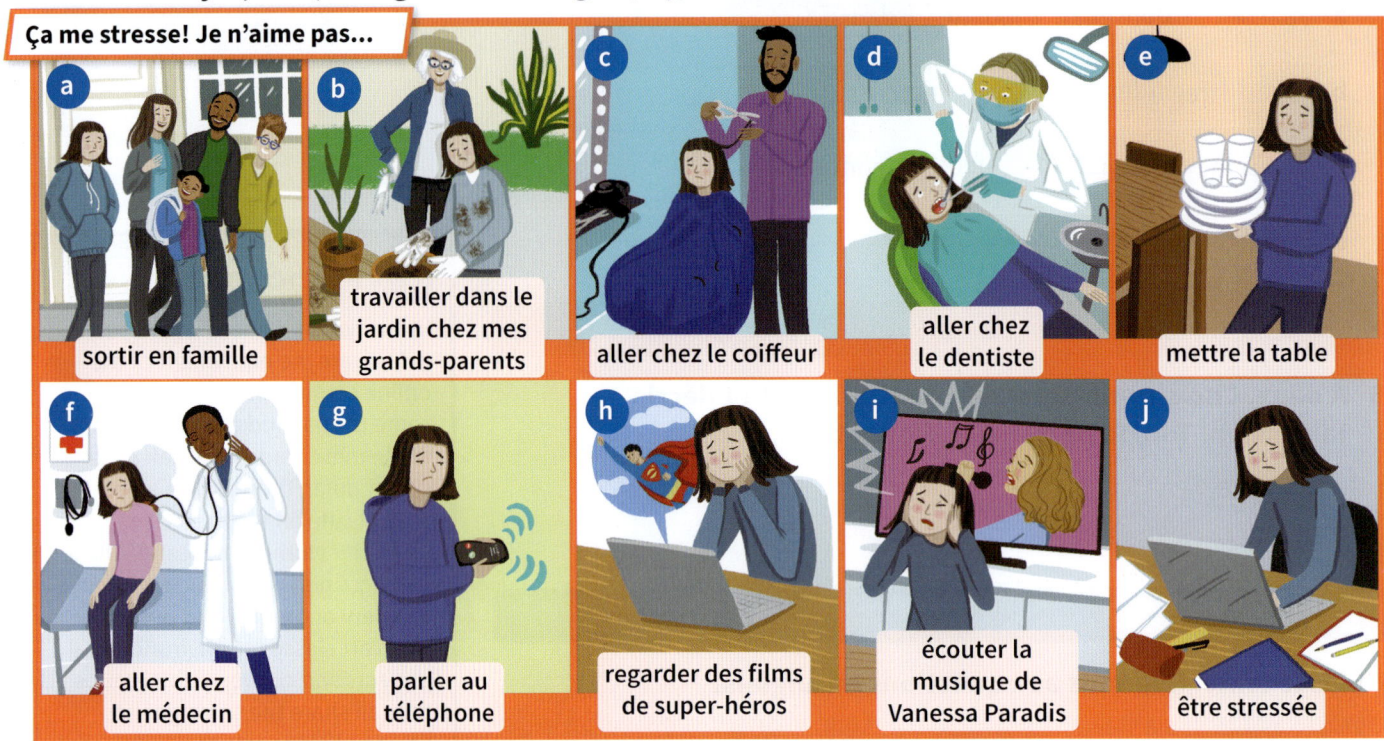

Ça me stresse! Je n'aime pas…

- **a** sortir en famille
- **b** travailler dans le jardin chez mes grands-parents
- **c** aller chez le coiffeur
- **d** aller chez le dentiste
- **e** mettre la table
- **f** aller chez le médecin
- **g** parler au téléphone
- **h** regarder des films de super-héros
- **i** écouter la musique de Vanessa Paradis
- **j** être stressée

Parler

2 À deux, posez des questions et répondez comme Skye.

Tu aimes aller chez le dentiste?

Non, je n'aime pas aller chez le dentiste. Ça me stresse!

Lire

3 Traduis les phrases de l'activité 1 en anglais.

Exemple: **a** going out with your family

Traduire

4 Traduis en français.
- **a** I don't like speaking on the phone.
- **b** She doesn't like going out as a family.
- **c** We don't like going to the dentist's.
- **d** You (sing.) don't like setting the table?

Labolangue

If you are going to someone's house, use the word *chez*: *chez mes grands-parents* (at my grandparents' house).

You also use *chez* if you go to the doctor's, the dentist's, the hairdresser's…

⭐ Grammaire WB p. 23

You learnt on page 20 to make a verb negative by putting *ne… pas* around it.

When you use two verbs together (verb + infinitive), put *ne… pas* around the first verb:

Je **n'aime pas** travailler dans le jardin.	I don't like working in the garden.
Elle **n'aime pas** mettre la table.	She doesn't like setting the table.

Remember, an 'elision' occurs (dropping the 'e') when *je* or *ne* is followed by a vowel or a silent *h*:

J'aime…
Je n'aime pas…

42 quarante-deux

Ma vie active 2.5

Écouter

5 Écoute et lis.

> Bonjour, Monsieur Non-non-et-encore-non! J'ai des questions pour vous.
> Question numéro 1: Vous aimez aller chez le dentiste?

> Non. Je n'aime pas beaucoup aller chez le dentiste. Ce n'est pas intéressant du tout. Ça me stresse!

> Question numéro 2: Vous aimez mettre la table?

> Mettre la table? Non! Je déteste ça. C'est super ennuyeux. Ça me stresse!

> Et numéro 3: Vous aimez parler au téléphone?

> Non, je n'aime pas du tout. Ce n'est absolument pas mon truc. Je trouve ça nul. Ça me stresse!

Lire

6 Trouve les expressions dans l'entretien (activité 5).

- a I don't much like…
- b It stresses me out!
- c I hate that.
- d I don't like it at all.
- e It's absolutely not my thing.
- f I find it rubbish.

Écrire

7 Écris un entretien. Il/Elle n'aime pas quoi? Pose un minimum de *trois* questions.
Write an interview. What does he/she not like? Ask at least *three* questions.

Tu aimes…?	mettre la table.	Ce n'est pas intéressant du tout.
Non! Je n'aime pas…	sortir en famille.	C'est super ennuyeux.
	aller chez le coiffeur/le dentiste/le médecin.	C'est nul.
	travailler dans le jardin chez mes grands-parents.	Ce n'est pas drôle du tout.
	être stressé.	Je déteste ça.
	parler au téléphone.	Je trouve ça…
	écouter la musique de…	

Labolangue

Negative expressions

There are two kinds of negative expressions in the interview:

- expressions using *ne … pas*: Je n'aime **pas** beaucoup aller chez le dentiste.
- expressions using negative adjectives and negative verbs: Je trouve ça **nul**. Je **déteste** ça.

Phonétique: é

é = 'ay'

t**é**léphone m**é**decin
d**é**teste **é**coute

quarante-trois 43

2 C'est clair!

Focus on:
- asking and answering questions
- opinions and reasons

Lire

1 Relie les questions et les réponses.

IL Y A UN BOOM DE L'E-SPORT!

1 *C'est quoi, son nom?*
2 *C'est quoi, sa passion?*
3 *Pourquoi c'est sa passion?*
4 *Qu'est-ce que Kayane n'aime pas?*
5 *Elle trouve ça comment, les tournois de jeux vidéo?*

a Elle trouve ça top. Elle aime beaucoup regarder les autres joueurs.

b Elle n'aime pas perdre. Elle trouve ça nul!

c Son nom, c'est Kayane.

d Sa passion, c'est jouer à des jeux vidéo, développer des jeux vidéo et parler de jeux vidéo.

e Parce que c'est génial. Elle adore jouer. C'est passionnant.

Labolangue

Using clues to help you

Use language clues in the questions to help you identify the matching answers:

Elle **trouve** ça comment,…?   Elle **trouve** ça…
Pourquoi…?   **Parce que**…

Francophonie

Kayane is a legend! She started playing video games at the age of 4 and entered the *Guinness World Records* at the age of 12! She has played for the French e-sports team and is one of the most successful French video gamers of all time.

Rappel

Transferring familiar language

Activity 1 is written in the third person (*il/elle*) form: in this case, *elle*. You met these questions before in the *tu* form: *C'est quoi, ton nom? C'est quoi, ta passion?*

Always think about how to transfer the language you already know.

Écouter

2 Écoute et vérifie.

44   quarante-quatre

Ma vie active | **2**

> 🔑 **Thinking about speaking:** Asking and answering questions

3 Speaking in a different language can be scary at first. Look at the thoughts in the photo below. In pairs, discuss if you have thoughts like these too.

What if I don't understand anything?

I don't know what to say.

What if I don't know the right words?

> When you start a speaking task, it helps if you plan what you're going to say and think of the skills you'll need to use.
>
> Focus on what you can say. Don't worry about what you don't know!

4 Look at activity 9 and answer the following questions. Compare with a partner and work out some good responses together.

- What am I being asked to do?
- What language will I need?
- How can I make my questions sound like questions?
- Are there any words in the questions that can help me with my answers?

5 Look at the questions below. Find the question word(s) in each one and translate the questions into English. Can you think of any other question words in French?

C'est quoi, ta passion?   Pourquoi c'est ta passion?

Qu'est-ce que tu aimes faire?

6 🎧 Listen to some different ways of asking a question in French. Write down the questions you hear.

7 🎧 Listen again and repeat the questions.

8 Look at the question prompts in activity 9 and turn them into full questions.

nom? → C'est quoi, ton nom?

9 À deux, posez des questions et répondez. Use the prompts below to help you ask and answer questions.

- nom?
- passion?
- pourquoi?
- tu trouves ça…?
- tu n'aimes pas…?

- nom
- passion
- parce que…
- je trouve ça…
- je n'aime pas…

10 When you finish activity 9, think about these questions.

- What went well? What didn't go well?
- What could I do differently next time?

quarante-cinq 45

2 Francophonie

Les passe-temps dans le monde francophone

1 🎧 Listen and read.

Les passe-temps en France

Les trois activités préférées des habitants de l'Hexagone sont:
- regarder la télévision (56%)
- surfer en ligne (55%)
- et voir des amis (48%).

Découvrez la liste complète ci-dessous:

Les loisirs préférés des Français

1 La télévision: 56%
2 L'ordinateur/surfer en ligne: 55%
3 Voir des amis: 48%
4 Les loisirs culturels (le cinéma, les musées, le théâtre, la lecture...): 41%
5 Les loisirs de plein air (la pêche, le camping, l'escalade, le vélo...): 37%
6 La musique (écouter ou jouer de la musique): 32%
7 La cuisine: 31%
8 Le sport: 27%
9 Les jeux de société (le scrabble, les échecs, l'awalé...): 26%
10 Les jeux vidéo: 21%
11 Le shopping: 16%
12 Le bénévolat: 14%
13 Les activités artistiques (la peinture, la sculpture, la danse, le théâtre...): 13%
14 La photographie: 10%
15 Les loisirs scientifiques (l'astronomie...): 4%

Francophonie

Did you know France is called *l'Hexagone*?

Why? Because the country has six sides, roughly like a hexagon shape.

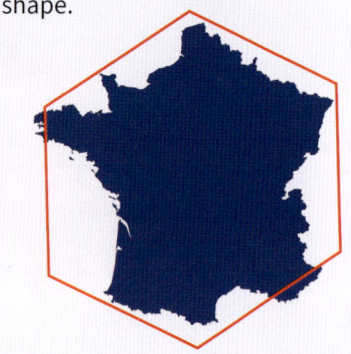

les loisirs	*leisure activities*
la pêche	*fishing*
l'escalade	*climbing*
le vélo	*cycling*
le bénévolat	*volunteering*
la peinture	*painting*

2 Read the statements and decide if they are true or false.

a The cultural activities mentioned are cinema, museums, theatre and reading.
b Sport is more popular than cooking.
c Traditional board games are more popular than video games.
d The artistic activities mentioned are painting, sculpture, dance and pottery.
e Scientific hobbies like astronomy are the least popular activity in this list.

3 In pairs, discuss your likes and dislikes. Use the pastimes listed in activity 1.

Tu aimes/détestes quoi?

J'aime…/Je déteste…

Tu trouves ça comment?

Je trouve ça…

4 What would your friends and family list as their favourite pastimes? In groups, make a list of ten pastimes in French and compare it with the list in activity 1.

46 quarante-six

Ma vie active 2

5 Read about two games that children play around the world. Choose the correct word to complete sentences a–f below.

Les jeux universels

Le chef d'orchestre
Les enfants forment un cercle.
Un enfant se sépare du groupe.
Un deuxième enfant est désigné *chef d'orchestre*.
Il guide l'orchestre.
L'enfant séparé du cercle revient.
Sa mission est de trouver le *chef d'orchestre*.

Jeu dans le lac
On dessine un grand cercle à la craie.
Une personne crie 'dans le lac' ou 'sur la rive'.
Les participants entrent dans le cercle ou restent en dehors.

a In the 'Conductor' game, the children form a **square** / **circle**.
b One child **joins** / **separates from** the group.
c A second child is named **'taxi driver'** / **'band leader'**.
d The child who had left must **find the band leader** / **guide the other children**.
e In the 'Lake' game, a large **rectangle** / **circle** is drawn.
f One person **shouts** / **mimes** 'in the lake' or 'on the bank'.

le chef d'orchestre	the conductor/ band leader
à la craie	with chalk
crier	to shout (out)
dans le lac	in the lake
sur la rive	on the bank
en dehors	outside

6 If you were to introduce a new friend to a game that you play now or played when you were younger, which game would you choose? Discuss in pairs.

7 Awalé is a well-known strategy game played in many countries all around the world. Do some research to find out:
- the origin of the name of the game
- where the game is played
- other names for the game
- the rules of the game.

quarante-sept 47

2 On récapitule

📖 Lire

1 Lis les phrases. Recopie et complète la grille en anglais.

a J'aime danser.
b Je déteste regarder la télé.
c Écouter de la musique pop, c'est super.
d Je n'aime pas beaucoup travailler dans le jardin.
e J'adore parler au téléphone.

	Activity	Opinion: positive (P) or negative (N)
a		
b		

✓ 10

2 Lis les blogs. Vrai ou faux?

Marie

Moi, ma passion, c'est faire la fête avec mes copains. Je trouve ça super. J'adore aussi faire du sport avec mes amis. Je n'aime pas faire des recherches en ligne parce que ça me stresse. Et toi, c'est quoi, ta passion?

Yannick

Moi, j'aime beaucoup faire la cuisine. Je prépare des plats délicieux. Je trouve ça relaxant mais je déteste mettre la table. J'adore aussi les animaux. J'ai un chien. Son nom, c'est Alex.

a Marie loves partying.
b She is not very sporty.
c She likes the company of her friends.
d She is keen on finding information online.
e Doing research online stresses her out.
f Yannick is passionate about cooking.
g He finds his food tasty.
h He does not mind laying the table.
i He dislikes animals.
j However, he has a cat called Alex.

✓ 10

Max. ✓ 20 points

Ma vie active 2

🎧 Écouter

3 Écoute. Recopie et complète la grille en anglais.

	Passionate about	Reason
Marc		
Lola		

✓ 5

4 Écoute encore une fois. Qui dit quoi? Écris L (Lola), M (Marc) ou L+M (les deux).
- a   I love…
- b   I find it…
- c   I like … a lot.
- d   And you?
- e   Why…?

✓ 5

5 Écoute et réponds en anglais.
- a   Give **three** details of what Louis is passionate about.
- b   Give **two** details of his opinion.
- c   Give **three** details of what Marie is passionate about.
- d   Give **two** details of her opinion.

✓ 10

Max. ✓ 20 points

✏️ Écrire

6 Recopie et complète les phrases avec tes opinions.
- a   J'aime regarder …
- b   … me stresse.
- c   Je suis fan de …
- d   Ma passion, c'est …
- e   C'est ma passion parce que …

✓ 5

7 Écris des phrases.
- a   aller chez le médecin – ennuyeux
- b   les activités de plein air – aime
- c   mettre la table – déteste
- d   les jeux de société – amusant
- e   les tutos en ligne – intéressant

✓ 5

8 Traduis en français.
- a   I hate swimming because it is rubbish.
- b   I love playing board games. It's great.
- c   I like cooking. I find that marvellous.
- d   I really like listening to music.
- e   I don't like following lessons online.

✓ 10

Max. ✓ 20 points

Tes résultats

How many points did you get? Ask your teacher for the answers.
Write down your score out of a total of 20 for Reading, Listening and Writing.
Find the right combination of Bronze, Silver and Gold activities for you on pages 50–51.

0–6 points
Well done! Do the Bronze activity in the next section.

7–12 points
Great! Do the Silver activity in the next section.

13–20 points
Fantastic! Do the Gold activity in the next section.

quarante-neuf   49

2 En avant!

Bronze

1 Read the email from Léa and answer the questions in English.

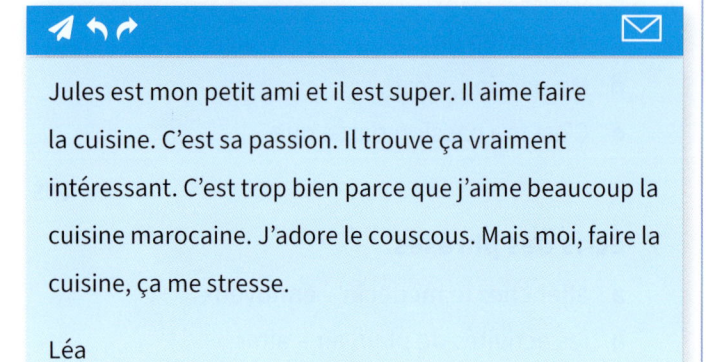

Jules est mon petit ami et il est super. Il aime faire la cuisine. C'est sa passion. Il trouve ça vraiment intéressant. C'est trop bien parce que j'aime beaucoup la cuisine marocaine. J'adore le couscous. Mais moi, faire la cuisine, ça me stresse.

Léa

a What is Léa's boyfriend's name?
b What does he like doing?
c Why does he like that activity?
d Why is Léa happy about this?
e What does she think about cooking?

2 Listen and decide if the opinions (1–10) are positive (P) or negative (N).

3 Unjumble the sentences.
a ma décorer chambre J'aime .
b jeux jouer à J'adore des vidéo .
c super des c'est amis Voir .
d sport Ma c'est le passion, .
e la trouve télé, je ennuyeux Regarder ça .

Argent

4 Lis les blogs et réponds aux questions.

Ahmed
Faire des recherches en ligne ou télécharger de la musique, je trouve ça passionnant mais ajouter des amis en ligne, je n'aime pas ça du tout.

Tatiana
Pour moi, l'amitié, c'est top. J'adore parler au téléphone avec mes copains. Je déteste aller chez le dentiste ou chez le médecin, car ça me stresse.

Who …?
a loves phoning friends
b is passionate about online research
c considers friendship to be very important
d likes downloading music
e is stressed out by the idea of a doctor's appointment
f doesn't like adding friends online
g hates going to the dentist's

5 Écoute. Recopie et complète la grille en anglais.

	Likes + reason	Dislikes + reason
Éliane		
Georges		

6 Donne *cinq* opinions différentes sur:
a décorer ta chambre
b tes copains
c le sport
d la télé
e les jeux vidéo

50 cinquante

Ma vie active — 2

Or

7 Lis le blog. Qu'est-ce que Julie aime (✓) et n'aime pas (✗)?

Julie

134 vues

L'amitié, je trouve ça important. J'aime beaucoup parler au téléphone ou faire la fête avec mes copains. J'adore mes amis et aussi mon portable. Avec mon portable, je télécharge de la musique, je fais des recherches en ligne et je joue aussi à des jeux vidéo. Je trouve ça passionnant et amusant. Je n'aime pas du tout les activités de plein air. Le tennis, le foot, la natation, je trouve tout ça ennuyeux. Je déteste aussi faire la cuisine ou travailler dans le jardin parce que ça me stresse.

a partying with friends
b playing sport
c phoning her friends
d working in the garden
e playing video games
f using her mobile phone
g swimming
h downloading music
i cooking
j looking for information online

8 Écoute. Recopie et complète les phrases.

a Laure finds reading …
b She has a lot of …
c Mohammed finds reading …
d His passion is …
e He also likes …

9 Écris un paragraphe (60–80 mots).

- C'est quoi, ta passion? Pourquoi?
- Qu'est-ce que tu aimes faire? Pourquoi?
- Tu trouves ça comment?
- Qu'est-ce que tu n'aimes pas faire? Pourquoi pas?

En plus

- Use a variety of structures to say what you like doing: *J'adore jouer au foot parce que… Jouer au foot, je trouve ça super car…*
- Remember how to form the negative, putting *ne… pas* around the verb:
  Je **n'**aime **pas** être stressé.
  Je **n'**aime **pas** aller chez le médecin.

cinquante-et-un

2 Vocabulaire

2.1 Mon identité
My identity

	être	to be
le	ciel	sky
le	soleil	sun
l'	arbre	tree
l'	océan	ocean
la	forêt	forest
la	lune	moon
les	animaux	animals
les	étoiles	stars
les	fleurs	flowers
le	garçon	boy
la	fille	girl
les	mecs	guys

2.2 Mes passions à moi
My passions

faire	to do/make
C'est quoi, ta passion?	What is your passion?
Ma passion, c'est…	My passion is…
faire la fête	to have a party
faire la cuisine	to cook
faire du sport	to do sport
faire des activités de plein air	to do outdoor activities
décorer ma chambre	to decorate my room
regarder des films/des séries/la télé	to watch films/series/TV
écouter de la musique	to listen to music
jouer à des jeux de société	to play board games
méditer	to meditate
voir des amis	to see friends
merveilleux	marvellous
rigolo	funny
magnifique	magnificent
top	great
trop bien	really good
super	super
cool	cool
drôle	funny
amusant	fun
génial	great
intéressant	interesting
Pourquoi?	Why?
parce que…	because…
Tu es d'accord?	Do you agree?
Oui, je suis d'accord.	Yes, I agree.

2.3 Ma vie en ligne
My online life

contacter des copains	to contact friends
lire	to read
jouer à des jeux vidéo	to play video games
faire des recherches	to do research
regarder des tutos en ligne	to watch tutorials online
suivre mes comptes préférés	to follow my favourite accounts
suivre des cours en ligne	to follow online courses
faire la fête (avec mes copains) en ligne	to party (with my friends) online
ajouter des amis	to add friends
adorer	to love
aimer	to like
détester	to hate
Je suis fan de…	I'm a fan of…
Qu'est-ce que…?	What…?
Comment…?	How…?
Quoi…?	What…?
Où…?	Where…?
Qui…?	Who…?

52 cinquante-deux

2.4 Pourquoi aimes-tu danser?
Why do you like dancing?

la	décoration	*decoration*
la	méditation	*meditation*
la	lecture	*reading*
le	contact	*contact*
l'	amitié	*friendship*
la	danse	*dancing*
	danser	*to dance*
un(e)	danseur/danseuse	*dancer*
	jouer	*to play*
un(e)	joueur/joueuse	*gamer*
	nager	*to swim*
la	natation	*swimming*
	cuisiner	*to cook*
un(e)	cuisinier/cuisinère	*cook/chef*
la	cuisine	*cookery, style of cooking characteristic of a country/area, kitchen*
le	délice	*delight/delicacy*
	Je trouve ça…	*I find that…*
	délicieux	*delicious*
	passionnant	*exciting*
	énergisant	*energising*
	relaxant	*relaxing*
	amusant	*funny*
	important	*important*

2.5 Ça me stresse!
It stresses me out!

Tu aimes…?	*Do you like…?*
Je n'aime pas…	*I don't like…*
Ça me stresse!	*It stresses me out!*
être stressé(e)	*to be stressed*
sortir en famille	*to go out as a family*
travailler dans le jardin chez mes grand-parents	*to work in the garden at my grandparents' (house)*
aller chez le coiffeur	*to go to the hairdresser*
aller chez le médecin	*to go to the doctor*
aller chez le dentiste	*to go to the dentist*
parler au téléphone	*to speak on the phone*
regarder des films	*to watch films*
écouter de la musique	*to listen to music*
mettre la table	*to set the table*

📖 Use your dictionary: *to be* or *to have*

The verbs *to be* and *to have* are irregular in many languages, and that includes French! For this reason, the dictionary lists many different forms of these verbs, not just the infinitives **être** (to be) and **avoir** (to have). For example:

An exchange student writes: *Ma passion, c'est faire du sport.*   *Nous avons un projet.*

- Look up the verbs and you'll be referred to the **infinitives**:

  est *verb* ▷ être   **avons** *verb* ▷ avoir

- Look up the **infinitives** and you'll find:

  être *verb* ▷ to be   **avoir** *verb* ▷ to have

- So the sentences mean: ▷ My passion is to do sport.   ▷ We have a project.

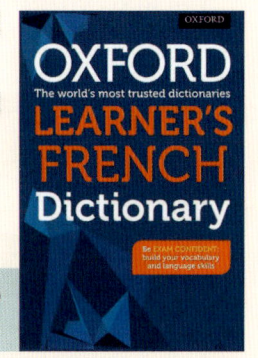

Use your dictionary for more help with these verbs.

3 Les couleurs du monde
On y va!

1 **Match these flags (1–6) from French-speaking countries with the descriptions (a–f).**

a Le drapeau du Burkina Faso est rouge, vert et jaune.
b Le drapeau de la France est bleu, blanc et rouge.
c Le drapeau de la Côte d'Ivoire est orange, blanc et vert.
d Le drapeau de Monaco est rouge et blanc.
e Le drapeau de la Belgique est noir, jaune et rouge.
f Le drapeau du Gabon est vert, jaune et bleu.

2 **Many French idioms use colours. Here are a few examples. Can you find any others?**

voir la vie en rose
to be optimistic, happy

donner le feu vert
to give the go-ahead

donner carte blanche
to let someone do what they want

Francophonie

The French flag was created after the French Revolution. It is known as the *tricolore* because of its three colours: red and blue to represent the city of Paris, and white to represent the king, who ruled until the French Revolution. During the Revolution, the Bastille prison in Paris was stormed by revolutionaries wearing red and blue ribbons on their hats.

The francophonie flag represents all speakers of French worldwide. Its five different coloured rings symbolise the five continents where French is spoken.

Labolangue

Idioms

An idiom is a set expression that we use figuratively. For example, we might say that it is 'raining cats and dogs', or that we're 'on the fence' about something, but everyone knows that we don't mean this literally!

Every language has its own idioms.

Les couleurs du monde   3

3 Read the information about lavender field routes in Provence, France. Choose the correct heading (a–d) for each section (1–4).

1 Camping, hôtel de charme, résidence de vacances… Réservez votre logement préféré.

2 Découvrez la carte des Routes de la Lavande et préparez votre voyage.

3 Les boutiques sur la Route vous offrent des produits locaux, originaux et de qualité.

4 La floraison commence en juin et finit en juillet.

a Where to buy souvenirs
b Where to stay
c Plan your journey
d When to visit

Francophonie

Lavande means 'lavender' and refers to the colour as well as the flower.

There are other words for shades of purple in French, such as *violet*, *pourpre* and *mauve*.

Most languages have words for a basic set of colours, but some languages are more precise in their descriptions than others. For example, Hebrew has different words for light and dark blue. Breton (widely spoken in Brittany in north-west France) uses one word, *glas*, for both blue and green.

4 What colour are you? Take the test to find out!

Quelle couleur es-tu?

1 J'aime…
a les livres
b le sport
c la musique

2 Je déteste…
a la mode
b la télé
c les réseaux sociaux

3 Je suis…
a calme
b actif/active
c intelligent(e)

4 Je ne suis pas…
a sociable
b créatif/créative
c sportif/sportive

5 Je préfère…
a l'océan
b les fleurs
c la forêt

Analyse des réponses:
a = Tu es bleu! Tu es tranquille, comme le ciel.
b = Tu es rouge! Tu es passionné(e) et tu aimes les aventures.
c = Tu es vert! Tu es cool et tu aimes la nature.

cinquante-cinq 55

3.1 Une palette de couleurs

Focus on:
- the verb *voir* (to see)
- *quel/quelle* (which)
- colours

🎧 Écouter

1 Écoute Léo et Émilie. Mets les couleurs dans le bon ordre.

Exemple: c, …

- a le jaune
- b le bleu clair
- c le bleu foncé
- d le vert clair
- e le vert foncé
- f le rose
- g l'orange
- h le violet
- i le rouge
- j le noir

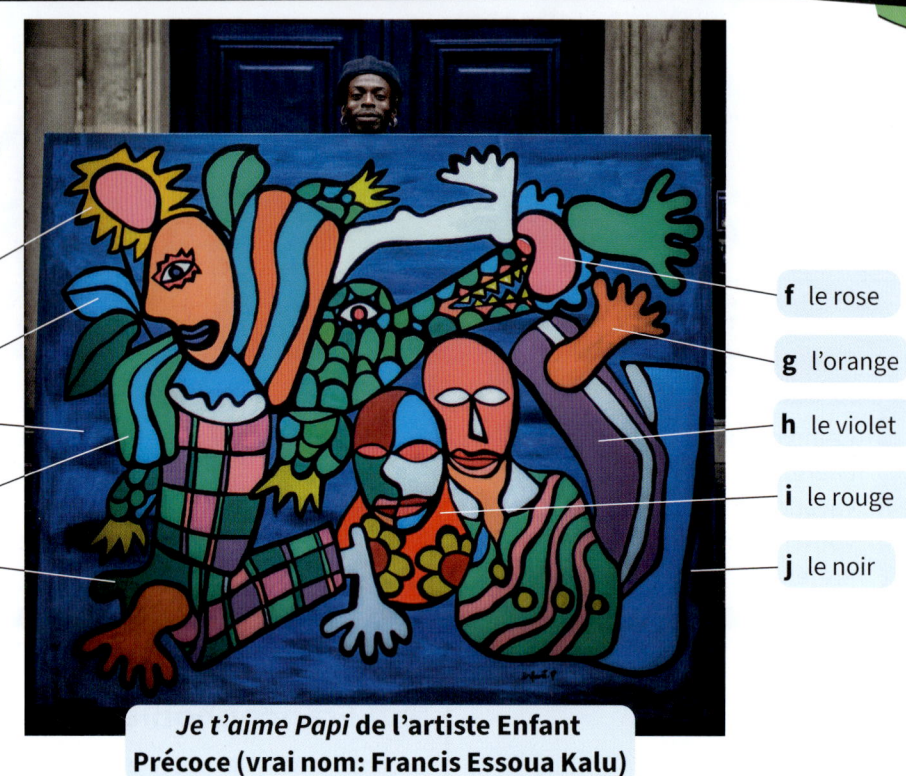

voici	here is
le blanc	white
le gris	grey

Je t'aime Papi de l'artiste Enfant Précoce (vrai nom: Francis Essoua Kalu)

2 Écoute encore une fois. Recopie et complète la grille en anglais.

	Loves	Likes	Doesn't like	Hates	No opinion
Léo					white
Émilie					

⚙ Labolangue

Colours as nouns

Use the **definite article** with colours used as nouns:

*Tu vois **le** bleu sur la peinture?*

Colours in French are all masculine so take the masculine definite article, *le*. The exception is *orange* because it begins with a vowel:

*Je déteste **l'**orange.*

⭐ Grammaire WB p. 29
Present tense of *voir* (to see)

Voir is an **irregular** verb, so does not follow the same pattern as **regular** verbs.

je vois	I see
tu vois	you (singular informal) see
il/elle/on voit	he/she/one sees
nous voyons	we see
vous voyez	you (plural or formal) see
ils/elles voient	they see

⭐ Grammaire

3 Recopie et complète les phrases avec la bonne forme de *voir*.

a Je … le soleil.
b Nous … une peinture d'Enfant Précoce.
c Vous … quelles couleurs?
d Il … l'océan.
e Tu … ta couleur préférée?
f Elles … beaucoup de couleurs.

56 cinquante-six

Les couleurs du monde 3.1

💬 Parler

4 À deux, faites le jeu. Regardez l'image (activité 1).

> Tu vois quelles couleurs sur l'image? Moi, je vois le rouge.

> Je vois le rouge et le bleu. Et toi?

> Je vois le rouge, le bleu et le gris.

⭐ Grammaire WB p. 29
Quel(s)? Quelle(s)?

Quel in its various forms is a question word that means 'which' or 'what'. It is an **interrogative adjective** and it agrees with the noun that follows it.

masculine	Quel animal?	Quel**s** animaux?	*What animal(s)?*
feminine	Quel**le** couleur?	Quel**les** couleurs?	*What colour(s)?*

la couleur is a feminine noun:

*Tu vois **quelles** couleurs?* Which colours do you see?

📖 Lire

5 Trouve les mots (a–f) dans le texte.

Je t'aime Papi est une peinture de l'artiste Enfant Précoce. L'artiste utilise une palette de couleurs vives. Enfant Précoce est un artiste camerounais. Le Cameroun est en Afrique Centrale. L'Afrique est un continent. Le Cameroun est un pays.

a a painting
b uses a palette of colours
c bright
d Cameroonian
e Cameroon
f a country

📖 Lire

6 Réponds aux questions.

a Quel est le nom de la peinture?
b La peinture est de quel artiste?
c Il utilise quelles couleurs?
d L'artiste est de quel pays?
e Il est de quelle nationalité?
f Le pays est dans quel continent?

✏️ Écrire

7 Écris un paragraphe sur une peinture.

Voici (*name of painting*)	de (*name of artist*).	
Je vois	le	blanc
J'adore		bleu clair/foncé
J'aime		gris
Je n'aime pas		jaune
Je déteste		noir
		rose
		rouge
		vert clair/foncé
	l'	orange
et… mais… aussi		

Phonétique: *oi*

oi = 'wah'

m**oi**   t**oi**   je v**oi**s   c'est qu**oi**   v**oi**ci

➕ Ajoute d'autres détails à ton texte.

- …, c'est ma couleur préférée.
- J'aime/Je déteste… parce que/car…

cinquante-sept 57

3.2 Je vois un monde en couleurs

Focus on:
- *il/elle* (meaning 'it')
- adjective agreement
- describing pictures

🎧 Écouter

1 Écoute Léo et Émilie (1–6). Choisis la bonne lettre et note les bonnes couleurs en anglais.

Exemple: **1** c blue, …

- **a** le ciel
- **b** la montagne
- **c** la mer
- **d** l'arbre
- **e** le pont
- **f** la maison

vif/vive — bright

⭐ Grammaire WB p. 31
***il/elle* (meaning 'it')**

You have already used *il* and *elle* to mean 'he' and 'she'. These words are **subject pronouns**. They can also both mean 'it'. Use the right one, *il* or *elle*, to match the gender of the noun.

Le ciel est bleu. → ***Il*** *est bleu.*
La mer est bleue. → ***Elle*** *est bleue.*

Adjective agreement

Adjectives need to agree with the noun. Most adjectives are regular and add **-e** in the feminine form: *bleu – bleue, gris – grise, noir – noire, vert – verte*.

Some adjectives already end in **-e** so they don't change in the feminine form: *jaune, rose, rouge*.

There are some irregular forms that you will need to learn, such as **blanc** – **blanche**, *violet – violette*.

⭐ Grammaire

2 Recopie et complète les phrases avec *il* ou *elle* (a–d) ou la bonne forme de l'adjectif (e–h).

- **a** Le ciel, … est bleu.
- **b** La mer, … est violette.
- **c** La maison, … est rouge.
- **d** Le pont, … est orange.
- **e** La montagne, elle est … (*grey*).
- **f** Le pont, il est … (*black*).
- **g** Le ciel, il est … (*yellow*).
- **h** La maison, elle est … (*white*).

Les couleurs du monde 3.2

🎧 Écouter

Quel est ton — **What** is your
élément préféré? favourite bit?

3 Écoute (1–3). Recopie et complète la grille en anglais.

	Favourite part	Colour	Reason
1	mountain		
2			
3			

💬 Parler

4 À deux, posez des questions et répondez.

- Quel est ton élément préféré?
- Mon élément préféré, c'est la mer.
- Pourquoi?
- Parce qu'elle est bleue. J'aime le bleu.

🎤 Phonétique: *qu*

qu = 'kuh'

*qu*el *qu*elle
parce *que* pour*qu*oi

✏️ Écrire

5 Quel est ton élément préféré et pourquoi? Écris des phrases.

| Mon élément préféré, c'est
J'adore
J'aime | le ciel
le pont
la maison
la mer
la montagne
l'arbre | parce qu'
car | il est
elle est | jaune.
orange.
rouge.
bleu(e).
gris(e).
noir(e).
vert(e).
blanc(he).
violet(te). |

📖 Lire

6 Regarde la peinture (activité 1) encore une fois. Vrai ou faux?

a Le pont est au centre.
b La mer est à droite.
c La maison est à gauche.
d L'arbre est au centre.
e La montagne est à gauche.

•⟵ à gauche   on the left
⟶•⟵ au centre at the centre
⟶• à droite   on the right

✏️ Écrire

7 Corrige les phrases qui sont fausses (activité 6). Puis écris un paragraphe pour décrire la peinture.

📢 Attention!
Use the conjunctions *et* and *aussi* to combine and extend your sentences.

cinquante-neuf 59

3.3 Les couleurs de la nature

Focus on:
- prepositions of place
- position of adjectives
- animals and their location

Concours: Décris la nature en 100 mots!

L'océan
- a la baleine bleue
- b le requin gris
- c le dauphin rose

La forêt
- d la limace rouge
- e l'escargot violet

Le ciel
- f le canari jaune
- g le criquet arc-en-ciel

La brousse
- h le lion blanc
- i la panthère noire

un arc-en-ciel — *a rainbow*

🎧 Écouter

1 Écoute (1–4). Mets les animaux dans le bon ordre.

Exemple: 1 d, …

2 Écoute encore une fois (1–4). Choisis les bonnes prépositions.

dans | devant
sur | derrière
sous | entre

🔀 Traduire

3 Traduis en anglais.
- a La baleine bleue est dans l'océan.
- b La panthère noire est devant le lion blanc.
- c La limace rouge est derrière l'escargot violet.
- d Le dauphin rose est sous le requin.
- e Le canari jaune est sur la branche.
- f L'arbre est entre le lion blanc et la panthère noire.

✏️ Écrire

4 Écris des phrases drôles.

Exemple: Le lion blanc est sur la baleine bleue.

🎙️ Phonétique: *ou*

ou = 'oo'

r*ou*ge   br*ou*sse   s*ou*s

⭐ Grammaire WB p. 33

Prepositions of place

Prepositions are used to say where one thing is in relation to another.

Le lion est **derrière** la panthère.   The lion is **behind** the panther.
Le canari est **devant** le criquet.   The canary is **in front of** the cricket.

60 soixante

Les couleurs du monde 3.3

💬 Parler

5 À deux, posez des questions et répondez.

A chooses an animal from activity 1 and gives a clue; B makes a guess in French.

- Il est dans l'océan.
- C'est le requin?
- Non, il est à droite.
- Ah, c'est le dauphin!

⭐ Grammaire WB p. 33
Position of adjectives

In English, an adjective comes **before** the noun it describes. In French, it usually comes **after** the noun.

La maison **rouge** est au centre.	The **red** house is in the centre.
L'arbre **jaune** est à droite.	The **yellow** tree is on the right.

📖 Lire

6 Lis la description d'une peinture du musée d'art. Lis les phrases (a–f): vrai ou faux?

a The black panther is in front of the white lion.
b The brown bear is on the right.
c The pink dolphin is behind the whale.
d The purple snail is under the tree.
e The yellow canary is beneath a branch.
f The rainbow grasshopper is on the left.

Il y a 500 tableaux dans le musée. Le plus populaire, c'est *Nature vive* de Sylvie Lamy. Il y a beaucoup d'animaux et de couleurs sur cette peinture!

Par exemple, à gauche, dans la forêt verte, il y a une panthère noire. Il y a aussi un lion blanc: il est derrière la panthère. À gauche, on voit un ours brun.

Puis, dans l'océan, nous voyons un requin gris. Il est devant une baleine bleue et un dauphin rose est derrière la baleine.

À droite, dans un arbre, il y a un escargot violet. Et voici un canari jaune. Il est sur une branche à gauche, et sous la branche on voit une limace rouge. Pour terminer, à gauche, il y a une créature multicolore, comme un arc-en-ciel. C'est le criquet arc-en-ciel! Et voilà!

✏️ Écrire

7 Écris la description d'une peinture.

Il y a On voit Nous voyons Voici	à gauche à droite	un canari jaune. un criquet arc-en-ciel. un dauphin rose. un escargot violet. un lion blanc. un requin gris. une baleine bleue. une limace rouge. une panthère noire.
Il est Elle est	dans le/la… derrière le/la… devant le/la … entre le/la… et le/la… sous le/la… sur le/la…	

le/la plus…   the most…

soixante-et-un 61

3.4 Mon portrait en couleurs

Focus on:
- partitive articles: *du/des*
- talking about clothes

🎧 Écouter

1 Écoute (1–6) et choisis la bonne image.

Les vêtements du monde

a Mariame, Côte d'Ivoire
b Amadou, Sénégal
c Yasmine, Maroc
d Théo, France
e Léa, Québec
f Oscar, Belgique

Bienvenue sur mon blog! Ici, on voit un arc-en-ciel de couleurs dans les vêtements du monde!

98 vues

💬 Parler

| sombre(s) | dark |

2 À deux, faites le jeu. Choisis la bonne image (activité 1).

— J'aime porter du rouge.
— Tu es Mariame?
— Non! J'aime aussi porter du blanc.
— Tu es Yasmine?
— Oui, je suis Yasmine!

J'aime porter	du	blanc, bleu, gris, jaune, noir, rose, rouge, vert, violet	(clair). (foncé).
	de l'	orange	
	des couleurs vives/sombres.		
	des vêtements multicolores.		

⭐ Grammaire WB p. 35
The partitive article

Du and *des* are forms of the **partitive article**. They mean 'some' or 'any'.

The partitive article is often not translated into English, but it is needed in French.

*J'aime porter **du** rouge.*
I like to wear red.

*J'aime porter **des** couleurs vives.*
I like wearing bright colours.

62 soixante-deux

Les couleurs du monde 3.4

🎧 Écouter

3 Écoute (1–6). Choisis les bons vêtements.

Exemple: **1** d,…

- **a** un hijab
- **b** un jean
- **c** un pantalon
- **d** un sweat à capuche
- **e** un t-shirt
- **f** un chapeau
- **g** une chemise
- **h** une robe
- **i** une veste
- **j** des baskets
- **k** des chaussures

4 Écoute encore une fois (1–6). Écris les bonnes couleurs en anglais.

monochrome	*monochrome*
la tenue	*outfit*
le vêtement	*(item of) clothing*
ça me va bien	*it suits me*

📖 Lire

5 Traduis les vêtements (a–k, activité 3) en anglais.

6 Regarde l'image. Vrai ou faux?
- **a** Sur la photo, il y a trois garçons et deux filles.
- **b** Ils portent tous un jean.
- **c** La fille à droite porte une chemise blanche.
- **d** Le garçon au centre porte un pantalon gris clair.
- **e** Une fille porte un sweat à capuche.
- **f** Le garçon à gauche porte un t-shirt blanc.

| la fille | *girl* |
| le garçon | *boy* |

💬 Parler

7 À deux, présentez la photo.

💡 Rappel

ils/elles

To say 'they', use *ils* to refer to an all-male or mixed group, or *elles* for an all-female group of people.

✏️ Écrire

8 Écris un paragraphe sur la photo.

Sur la photo,	il y a je vois nous voyons	trois filles. deux garçons.	
La fille/Le garçon	à gauche à droite au centre	porte	un jean bleu. un pantalon noir. un t-shirt vert. une chemise blanche. une chemise bleu clair.
Il/Elle			
Ils/Elles		portent	

soixante-trois 63

3.5 Le monde à travers mes yeux

Focus on:
- plural adjective agreement
- talking about personal appearance

🎧 Écouter

1 Écoute et lis.

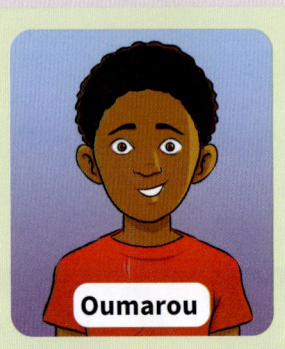

Oumarou: Moi, c'est Oumarou et mon meilleur ami, c'est Daniel. Il a les cheveux bruns, raides et longs et il a les yeux bleus. Il aime porter un chignon masculin, comme les footballeurs, car le foot, c'est son sport préféré.

Daniel: Moi, c'est Daniel et mon meilleur ami, c'est Oumarou. Il a les yeux marron et il a les cheveux noirs et très frisés. Il aime porter une coiffure afro parce que c'est un symbole de fierté de l'identité noire.

Elyna: Mon nom, c'est Elyna et ma meilleure amie, c'est Alice. Elle a les yeux gris et les cheveux blonds, mais d'un blond très clair. Elle a les cheveux courts et une frange. Ça lui va bien.

Alice: Moi, c'est Alice et ma meilleure amie, c'est Elyna. Elle a les cheveux roux, longs et ondulés et elle a les yeux verts. Elle préfère avoir les cheveux attachés car elle aime faire du sport.

📖 Lire

2 Trouve les mots dans les textes.

a brown, straight, long hair
b a man bun
c brown eyes
d black, very curly hair
e grey eyes
f short hair and a fringe
g red, long, wavy hair
h tied-back hair

comme	like
la coiffure afro	afro hairstyle
la fierté	pride
ça lui va bien	it suits him/her

🎧 Écouter

3 Écoute (1–4). Qui parle (activité 1)?

📖 Lire

4 Lis les textes (activité 1) encore une fois. Vrai ou faux?

a Oumarou a les cheveux raides.
b Daniel a les yeux bleus.
c Daniel aime jouer au foot.
d Elyna a les cheveux courts.
e Elyna est très sportive.
f Alice a une frange.

🎤 Phonétique: *eu* and *eur*

eu = 'euh'

bl**eu**   chev**eu**x   d**eu**x
j**eu**   y**eu**x

eur = 'err'

coul**eur**   football**eur**
meill**eur** meill**eur**e

64 soixante-quatre

Les couleurs du monde 3.5

Labolangue

Parts of the body

In French, the definite article is used when talking about parts of the body.

*J'ai **les** yeux bleus.* I have blue eyes.

Parler

5 À deux, faites le jeu.

> Oumarou a les yeux bleus et il a les cheveux bruns et raides. Corrige les erreurs!

> Ah non! Oumarou a les yeux marron et il a les cheveux noirs et très frisés.

Il a Elle a	les yeux	bleus/verts/gris/marron.
	les cheveux	blonds/bruns/noirs/roux. courts/mi-longs/longs. frisés/ondulés/raides.
	un chignon masculin. une coiffure afro. les cheveux attachés. une frange.	

Lire

6 Regarde la photo. Recopie et complète la description.

> Sur la photo, je vois **1** … personnes. Elles sont dans la **2** …
>
> À gauche, il y a **3** … Elle a les **4** … marron. Elle a les cheveux bruns, **5** … et **6** … Elle porte un jean bleu **7** …, un t-shirt **8** … et une **9** … noire parce qu'elle aime porter des couleurs **10**…

attachés blanc foncé forêt

Noémie raides sombres

trois veste yeux

Grammaire WB p. 37

Plural adjective agreement

You have already seen that adjectives need to agree with the noun they describe.

Regular adjectives add *-s* or *-es* when they describe plural nouns.

(m) *J'ai les yeux vert**s**.*   I have green eyes.

(f) *J'aime les couleurs viv**es**.*   I like bright colours.

Two irregular ones: *marron* (brown) and *roux* (red) don't change for a plural noun:

J'ai les yeux marron. J'ai les cheveux roux.

When an adjective of colour is followed by another adjective ('light' or 'dark' or another colour), no agreement is needed:

*J'ai les yeux bleu**s**.*   I have blue eyes.
*J'ai les yeux **bleu foncé**.*   I have dark blue eyes.

Écrire

7 Écris une description pour Ahmed et Mehdi.

Exemple: Au centre, je vois Ahmed, derrière…
Ensuite, à droite, il y a…

soixante-cinq 65

3 C'est clair!

Focus on:
- describing a photo
- listening for gist

Lire

1 Lis le texte. Recopie et complète les phrases a–e en anglais.

> Il y a beaucoup de couleurs d'yeux dans le monde.
> Environ 79% de la population mondiale a les yeux marron.
> Entre 8% et 10% des habitants de la planète ont les yeux bleus.
> Environ 3% de personnes dans le monde ont les yeux gris.
> Environ 2% de personnes ont les yeux verts.
> Seulement 1% des gens ont les yeux rouges ou violets.

a About 79% of the world population has … eyes.
b Between 8% and 10% have …
c About 3% of people in the world have …
d About 2% of people have …
e Only 1% of people have …

| environ | around (approximately) |
| seulement | only |

Parler

2 Regardez la photo. À deux, faites un dialogue.

> Tu vois quelles couleurs?

> Moi, je vois le rouge,… et…
> Et toi? Tu vois quelles couleurs?

> Moi, je vois…

Lire

3 Regarde la photo. Recopie le texte et corrige les erreurs.

Exemple: Sur la photo, on voit *deux* femmes…

> Sur la photo, on voit trois femmes. Elles portent des créations multicolores du grand couturier Imane Ayissi. La femme à gauche porte une robe blanche, jaune et bleue et elle a les cheveux blonds, courts et raides. Elle a les yeux marron foncé.
>
> La femme à droite porte une chemise rose, verte, jaune et violette. Elle a aussi les yeux marron clair mais elle a les cheveux noirs, courts et tressés.

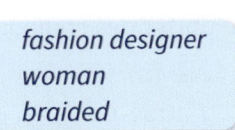

grand couturier	fashion designer
la femme	woman
tressés	braided

🌐 Francophonie

Imane Ayissi is a Cameroonian fashion designer. He aims to promote African traditions through his use of fabrics and designs. His creations have been worn by Rihanna, Zendaya, Angela Bassett and Aïssa Maïga.

Écouter

4 Écoute et vérifie.

66 soixante-six

Les couleurs du monde   3

🔑 Thinking about listening: Listening for gist

5 Think about situations in everyday life in which we listen for information. Compare your list with a partner.

6 Listening can seem difficult when you learn a foreign language. In pairs, talk about what kind of things might make listening in French tricky.

7 Look at activity 8. Do you need to listen for detail or gist? Answer these questions to help you decide.
   a Do I need to understand every word?
   b What words might I hear?
   c What words do I need to understand to answer the question?
   d What words might not be important?

> When we listen, we use different skills depending on what information we need. For example, if you are listening to a railway station announcement, you would listen for specific details, like the time your train leaves and the platform. Sometimes, we listen to understand the main idea of what is being said, rather than trying to understand everything. This is called listening for gist.

8 🎧 Écoute et choisis la bonne image (a–c).

a b c

9 After listening to the recording once, take a moment to think about (monitor) how you did. Ask yourself these questions.
   • How is this going? Is it easier or more difficult than I expected?
   • Do I need to change anything?
   • Do I need to think differently?

10 🎧 Now listen again and consider changing your approach if you think it will help.

11 When you have finished, think about how well it went (evaluate) by answering these questions.
   • Did you choose the correct picture?
   • How did you know?
   • Did any changes you made after the first listening help you?
   • What might you do differently next time?

soixante-sept 67

3 Francophonie

Les tissus traditionnels

1 Civilisations around the world have been weaving fabric for millennia. The first weaving loom appeared in Egypt around 2400 BC. Read the texts to learn about some beautiful fabrics from French-speaking countries.

Le faso dan fani (FDF) – Burkina Faso
Faso dan fani means 'woven cloth of the homeland' and is made from cotton grown in Burkina Faso. In 1983, faso dan fani became the national symbol of Burkina Faso.

Le ndop – Cameroun
A royal fabric made from thick cotton, ndop takes its name from the town where it was created and consists of geometric white shapes on an indigo-blue background.

Le wax hollandais
'African wax fabric', also called Ankara, originated in Indonesia. The Dutch colonised Indonesia (the 'Dutch East Indies') and wanted to mass-produce Batik fabric. Designs are printed on the cloth with wax before dye is applied. Some contemporary designers do not use wax fabric because of this Dutch connection. Recently, wax fabric has been produced locally in African countries. However, mass production of wax prints has meant that the designs are available all over the world. This has implications for the sustainability and livelihoods of small producers.

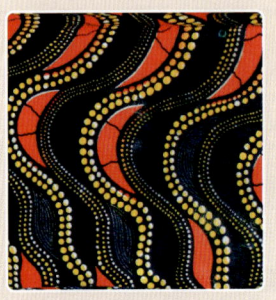

Le kente – Côte d'Ivoire
Kente was originally worn by royals and noble people. Handmade from cotton or silk, kente is woven in strips which are then sewn together. The most expensive cloth was made from gold thread! Kente is traditionally worn on special occasions.

2 🎧 **Listen (1–4) and decide which fabric each speaker is describing.**
   a Faso dan fani   b Ndop   c Wax hollandais   d Kente

3 **In pairs, discuss these questions.**
   - What fabrics can you think of that are made in the UK?
   - Are they made from British materials or imported materials?
   - Can you think of any other national fabrics?
   - Why do you think they might be important to people?

68   soixante-huit

Les couleurs du monde   3

4 Read the article about two of the fabrics. Copy and complete the sentences.

L'importance des couleurs du kente

Le jaune signifie la richesse, la générosité de la terre et le soleil.

Le vert symbolise la vie et la nature.

Le bleu signifie le ciel, la terre et la patience.

Le blanc symbolise l'innocence, la spiritualité et la paix.

Le noir symbolise le mystère.

La signification des formes géométriques et des couleurs du ndop

Le cercle signifie le cycle de la vie. Sur le ndop, on voit le soleil et la lune.

Le blanc représente la pureté et le bleu signifie l'eau.

Kente

a … symbolises life and nature.
b Blue signifies the …, the earth and patience.
c … symbolises innocence, spirituality and peace.
d … symbolises mystery.

Ndop

e The … signifies the cycle of life.
f On ndop, you see the sun and the …

5 Choose **one** of these tasks.

a

Research one of these fabrics.

Find out:
- which country the fabric is from
- what material is used to make the fabric
- what colours are used
- the history of the fabric.

Le bogolan   Le bazin

b

Research the designs of one of these designers.

Peulh Vagabond
Sarah Diouf
Aristide Loua
Mon Faso Dan Fani
Maison Château Rouge

- Find out where they are based and what their inspiration is.
- Choose one of their creations and write in French about the colours you see and what you like (or not).

Exemple:
Voici une création de…
Je vois…
J'adore… mais je n'aime pas…

soixante-neuf   69

3 On récapitule

Lire

1 Regarde l'image. Recopie et complète les phrases.

jean · jaune · frisés · rouge · mer · bleu · blonds · fille · forêt · montagne

a Au centre, il y a une … Elle a les cheveux longs et …
b Elle porte un … et un sweat à capuche …
c À droite, il y a un garçon. Il a les cheveux … et noirs et il porte un t-shirt …
d À gauche, il y a une … et derrière, il y a une grande …
e Devant, il y a la … Le ciel est …

✓ 10

2 Lis le blog de Véronique. Recopie et complète les phrases en anglais.

Véronique

Moi, j'ai les cheveux roux et tressés parce qu'ils sont longs et raides. Ma copine Danièle a les cheveux blonds et courts. J'ai aussi une amie qui s'appelle Françoise, elle a les cheveux bleus et attachés et une frange. C'est mon look préféré.

a … has a fringe.
b … has straight hair.
c … has hair tied back.
d … has blue hair.
e … has red hair.
f … has short hair.
g … has long hair.
h … plaits her hair.
i … has blonde hair.
j … has the best look.

✓ 10

Max. ✓ 20 points

Écouter

3 Écoute (1–5) et choisis les bons mots.

1 Éliane is wearing black **trainers** / **shoes** and a **white** / **blue** jacket.
2 Mamadou likes wearing **light** / **dark** blue trousers and a **white** / **black** t-shirt.
3 Mariame wears a red **dress** / **skirt** and **black** / **brown** shoes to parties.
4 Alex likes wearing a green **jacket** / **cap** and a **grey** / **green** hoody.
5 Eden prefers wearing an orange **t-shirt** / **shirt** and a **yellow** / **red** cap.

la casquette · *cap*

✓ 10

4 Écoute Élise et Clément. Réponds aux questions en anglais.

a What is Clément's favourite colour?
b Which **two** examples does he give of his favourite colour?
c What colour are his eyes?
d Which other colour does he like?
e Which two colours does he **not** like?
f Which type of colours does Élise like?
g Which examples does she give? Give **two**.
h Which type of colours do Elise and Clément **both** like?

✓ 10

Max. ✓ 20 points

Les couleurs du monde   3

✏️ Écrire

5 **Recopie et complète les *sept* couleurs de l'arc-en-ciel.**

Violet, indigo, …

> **📢 Attention!**
> In French, the order of the colours of the rainbow is the opposite to English!

✓ 5

6 **Mets les phrases dans le bon ordre.**

a a   yeux   Max   longs   bleus   et   les   cheveux   les   .

b jean   blanche   porte   chemise   un   et   Il   une   .

c a   les   courts   noirs   et   yeux   Samia   cheveux   les   .

d t-shirt   porte   multicolore   un   et   un   Elle   aussi   bleu   chapeau   .

e une   vert   pantalon   robe   un   Ciara   porte   jaune   et   .

✓ 5

7 **Traduis en français.**

a He has his hair tied back.
b I love bright colours.
c My favourite colour is light blue.
d They are wearing jeans.
e She has brown eyes.

✓ 10

Max. ✓ 20 points

Tes résultats

How many points did you get? Ask your teacher for the answers.
Write down your score out of a total of 20 for Reading, Listening and Writing.
Find the right combination of Bronze, Silver and Gold activities for you on pages 72–73.

0–6 points	7–12 points	13–20 points
Well done! Do the Bronze activity in the next section.	Great! Do the Silver activity in the next section.	Fantastic! Do the Gold activity in the next section.

soixante-et-onze 71

3 En avant!

Bronze

1 Match the French and the English.

1. Il a les cheveux tressés.
2. Il a les cheveux ondulés.
3. Il a les cheveux blonds.
4. Il a les cheveux courts.
5. Il a les cheveux roux.

a. He has short hair.
b. He has his hair in braids.
c. He has red hair.
d. He has blond hair.
e. He has wavy hair.

2 Listen (1–5) and identify which flag you hear being described (a–e).

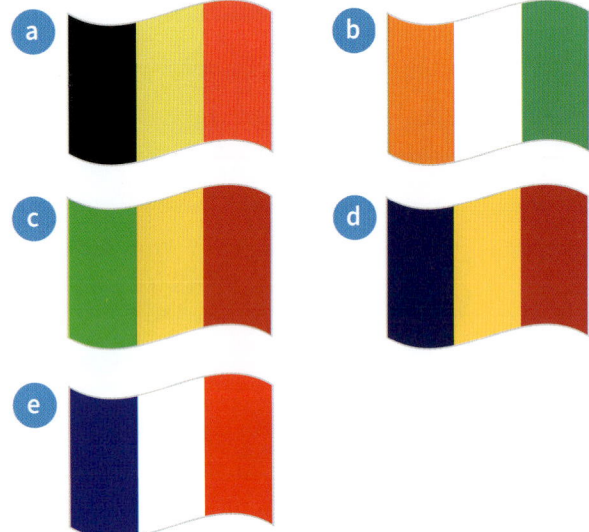

3 Copy and complete the sentences in French, about yourself.

a. Au collège, on porte…
b. Pour faire la fête, je porte…
c. Chez moi, je porte…
d. Mon vêtement préféré, c'est…
e. Ma couleur préférée…

Argent

4 Lis le blog et réponds aux questions en anglais.

Karim

Le monde animal est fantastique. Chez moi, il y a des escargots et des limaces. Au refuge pour animaux, on voit des lions et des éléphants. Moi, mon animal préféré, c'est le lion. Dans l'océan, il y a des requins, des dauphins, des baleines bleues et des baleines blanches. Avec l'école, on va visiter un zoo. Je vais voir toutes sortes d'animaux. Super, non?

Give **two** examples of animals that Karim says you can see in:

a. his garden
b. the animal refuge
c. the ocean

5 Écoute Emily. Recopie et complète les phrases en anglais.

a. Emily has … eyes and short, … red hair.
b. She likes wearing … to parties.
c. Her friend Aminata has … eyes.
d. She likes wearing …
e. Aminata has long, black, … hair.

6 Décris l'image. Écris 40–60 mots en français.

> À gauche, on voit…
> À droite, il y a…
> Au centre, il y a…

72 soixante-douze

Les couleurs du monde 3

Or

7 Lis le mail et réponds aux questions en anglais.

> Je vois souvent Lucie. C'est ma meilleure amie. Chez elle, elle porte un t-shirt couleur arc-en-ciel, des baskets roses et un jean. Elle adore porter beaucoup de couleurs, surtout des couleurs vives. Elle a les yeux bleus. Ses cheveux sont violets et tressés.
>
> Moi, je préfère les couleurs sombres. J'ai les cheveux longs et noirs et je porte un chignon. Chez moi, je porte un pantalon noir et un sweat à capuche gris. Ça me va bien.
>
> **Corinne**

a Give **two** details about how Lucie dresses at home.
b What is unusual about Lucie's hair?
c How do Lucie and Corinne's colour preferences differ?
d How does Corinne like to wear her hair?
e Give two details about how Corinne dresses at home.

8 Écoute Lucien. Choisis les *cinq* phrases qui sont vraies.

a Lucien lives in a flat.
b He lives by the sea.
c His favourite colour is light blue.
d There is a forest behind his house.
e He is keen on the colour green.
f There isn't a lot of green in the world.
g He gives examples of how other colours are present in our environment.
h He likes bright colours.

9 Écris un paragraphe de 80 mots en français. Décris:

- ton look (tes yeux, tes cheveux, tes vêtements)
- tes couleurs préférées
- le look que tu détestes.

En plus

- Use your dictionary skills to look up other items of clothing or colours that you might want to mention. Remember that in a dictionary the gender is indicated in brackets after the noun.
- Watch out for nouns that are singular in French but plural in English, like 'jeans' and 'trousers'.
- Use a range of colours and other adjectives; think about correct position and agreement of adjectives.

soixante-treize 73

3 Vocabulaire

3.1 Une palette de couleurs
A colour palette

le	blanc		white
le	gris		grey
	foncé		dark
	clair		light
	quel(le)(s)		which/what
	voir		to see

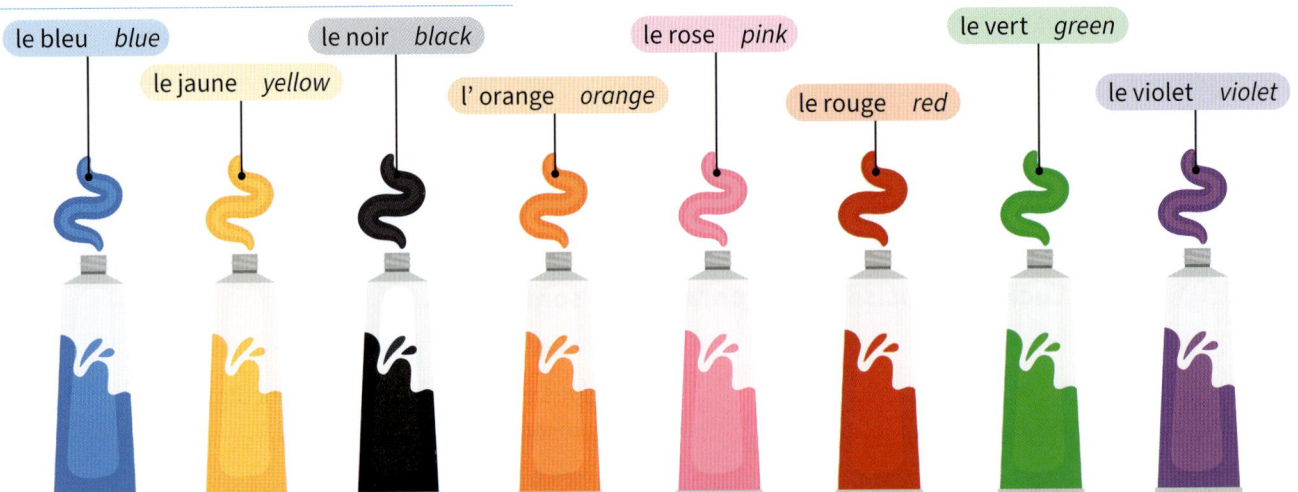

- le bleu — *blue*
- le jaune — *yellow*
- le noir — *black*
- l' orange — *orange*
- le rose — *pink*
- le rouge — *red*
- le vert — *green*
- le violet — *violet*

3.2 Je vois un monde en couleurs
I see the world in colours

l'	arbre	tree
le	ciel	sky
le	pont	bridge
la	maison	house
la	mer	sea
la	montagne	mountain
	Mon élément préféré, c'est…	My favourite part is…
	à gauche	on the left
	à droite	on the right
	au centre	in the centre

l'	océan	ocean
le	canari	canary
le	criquet	cricket
le	dauphin	dolphin
l'	escargot	snail
le	lion	lion
le	requin	shark
la	baleine	whale
la	limace	slug
la	panthère	panther
un	arc-en-ciel	rainbow
	dans	in
	devant	in front of
	derrière	behind
	entre	between
	sous	under
	sur	on

3.3 Les couleurs de la nature
The colours of nature

la	brousse	bush/scrubland
le	ciel	sky
la	forêt	forest

74 soixante-quatorze

Les couleurs du monde

3.4 Mon portrait en couleurs
My colour portrait

	porter	to wear
	J'aime porter…	I like wearing…
	Je préfère porter…	I prefer to wear…
du	rouge	red
des	couleurs vives/sombres	bright/dark colours
des	vêtements multicolores	multi-coloured clothes
un	chapeau	hat
un	hijab	hijab
un	jean	jeans
un	pantalon	trousers
un	sweat à capuche	hoody
un	t-shirt	t-shirt
une	chemise	shirt
une	robe	dress
une	veste	jacket
des	baskets	trainers
des	chaussures	shoes

3.5 Le monde à travers mes yeux
The world through my eyes

les	yeux	eyes
	bleus	blue
	gris	grey
	marron	brown
	verts	green
les	cheveux	hair
	blonds	blonde
	bruns	brown
	noirs	black
	roux	red
	courts	short
	mi-longs	medium
	longs	long
	frisés	curly
	ondulés	wavy
	raides	straight
	attachés	tied back
un	chignon masculin	man bun
une	coiffure afro	afro
une	frange	fringe
une	queue de cheval	ponytail

📖 Use your dictionary: advice on adjectives

Your dictionary gives the masculine and feminine forms of adjectives. Often the feminine just adds -e, but sometimes there are bigger differences:

broken *adjective*
cassé *masc*; **cassée** *fem*

happy *adjective*
heureux *masc*; **heureuse** *fem*

Most French adjectives come **after** the noun. Your dictionary tells you when, exceptionally, a French adjective comes **before** the noun.

intelligent *adjective*
intelligent *masc*; **intelligente** *fem*

▶ Where no help is given, the adjective comes **after** the noun in French: **an intelligent girl** *une fille intelligente*

small *adjective*
petit *masc*; **petite** *fem*
a small dog *un petit chien*
a small country town *une petite ville de province*
WORD TIP *petit* always goes before the noun

Use your dictionary to check the form and position of adjectives.

soixante-quinze 75

4 L'école pour tous!
On y va!

1 **Look at the pictures of a school student in Guadeloupe and in France. Choose the four correct statements for each student.**

Guadeloupe

France

a Je ne porte pas d'uniforme scolaire.
b Je porte un jean bleu.
c Je porte un uniforme scolaire.
d Je porte un t-shirt rose.
e Je porte une chemise blanche.
f Je porte une jupe bleue.
g Je porte des baskets multicolores.
h Je porte une cravate bleue.

je porte	I wear
une jupe	a skirt
une cravate	a tie

2 **What do you think about wearing a uniform at school? Create a dialogue with your partner.**

Tu aimes porter un uniforme scolaire?	
Oui, parce que	c'est cool/super/chic/pratique.
J'aime porter un uniforme scolaire parce que	
Non, parce que	c'est nul/ennuyeux.
Je n'aime pas porter d'uniforme scolaire parce que	

Francophonie

Students in French-speaking European countries, including Belgium, Switzerland, France and Luxembourg, do not usually wear a school uniform. They dress quite casually for school.

76 soixante-seize

L'école pour tous! 4

3 Look at the pictures of class pets. Copy and complete the sentences with the correct colour.

a Notre animal s'appelle Bob l'escargot. Il est … et …

b Nous avons un criquet, Timo. Il est …

c Ma classe a un canari … Il s'appelle Jo-Jo.

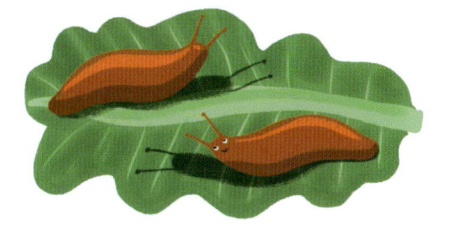

orange   brun   noir

jaune   vert

Francophonie

In 2019, a primary school located near Grenoble was threatened with the closure of classes because of low student numbers. To solve this problem, they decided to enrol 15 sheep and add their names to the register!

d Nos deux limaces, Ed et Ted, sont … foncé.

4 Read what these students say about their schools. Copy and complete the table.

a Suzanne

J'habite au Vietnam. Mon collège s'appelle le lycée français international Marguerite-Duras. Elle était écrivaine.

b Adèle

J'habite au Sénégal. Mon école s'appelle le lycée Jean-Mermoz. Il était aviateur et pilote.

c Esteban

J'habite en Colombie. Mon lycée s'appelle le lycée français Paul-Valéry. Il était poète et philosophe.

	Country	School named after	He/She was a…
a			
b			
c			

Labolangue

Word families

The profession *écrivain/écrivaine* is linked to the verb *écrire* – does this help you to work it out?

soixante-dix-sept 77

4.1 Je fais du français!

Focus on:
- the verb *faire* (to do)
- the partitive articles: *du/de la/de l'/des*
- talking about school subjects

Écouter

1 Écoute (1–3). Choisis les bonnes lettres pour Nezir, Aleyna et Line.

1. **Nezir** — Collège Gustave-Eiffel en Tunisie
2. **Aleyna** — Lycée franco-libanais Nahr-Ibrahim au Liban
3. **Line** — Lycée français international d'Anvers en Belgique

Je fais…

- a — Bonjour! — du français
- b — (2 + 3) − 1 = 4 — des maths
- c — Hello! — de l'anglais
- d — ¡Hola! — de l'espagnol
- e — de l'histoire-géo
- f — de la physique-chimie
- g — des sciences de la vie et de la terre (SVT)
- h — de l'informatique
- i — de la technologie
- j — de la musique
- k — de l'éducation physique et sportive (EPS)
- l — des arts plastiques

Grammaire

2 Écris une liste de sports et d'activités avec 'faire du/de la/de l'/des…'

Exemple: faire du basket

Grammaire WB p. 39

The verb *faire* (to do, to make)

Faire is a very useful verb. You have seen the infinitive before:

faire du sport – to do sport
faire de la danse – to do dance

Here are all the forms of *faire* in the present tense:

je fais	I do
tu fais	you (singular informal) do
il/elle/on fait	he/she/one does
nous faisons	we do
vous faites	you (plural or formal) do
ils/elles font	they do

The partitive article

The little words *du, de la, de l'* and *des* are **partitive articles**. They mean 'some' or 'any'. They are often needed in a French sentence even when there is no equivalent word in the English sentence.

masculine	feminine	plural
du de l' + *vowel or silent* h	de la de l' + *vowel or silent* h	des

Use a partitive article after *faire* for school subjects and many sports and activities:

*Je fais **du** sport.* — I do sport.
*Je fais **de la** technologie.* — I do technology.
*Je fais **de l'**histoire-géo.* — I do history/geography.
*Tu fais **des** arts plastiques?* — Do you do art?

78   soixante-dix-huit

L'école pour tous! — 4.1

💬 Parler

3 À deux, faites des dialogues. Utilisez les matières de l'activité 1.

> Qu'est-ce que tu fais comme matières?

> Je fais…

🎧 Écouter

4 Écoute et répète.

lundi mardi mercredi jeudi vendredi samedi dimanche

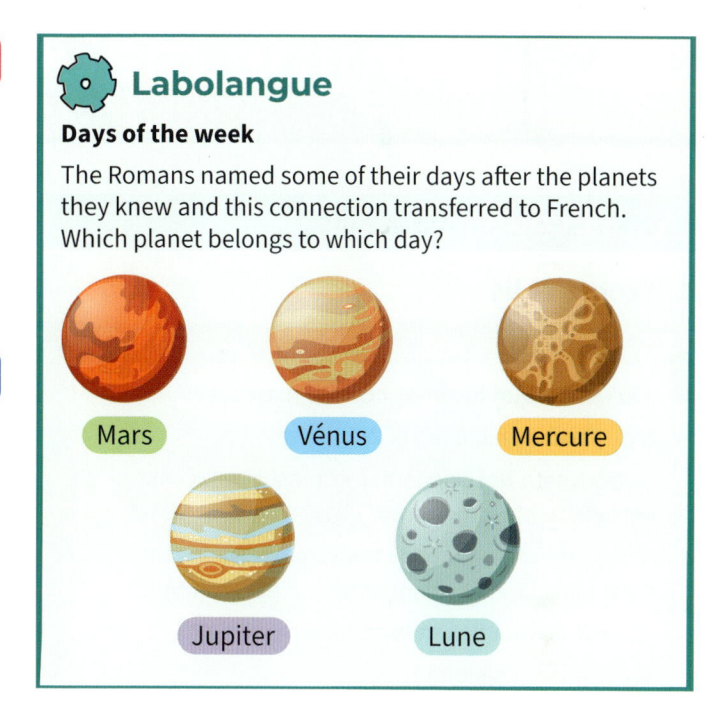

⚙ Labolangue

Days of the week

The Romans named some of their days after the planets they knew and this connection transferred to French. Which planet belongs to which day?

- Mars
- Vénus
- Mercure
- Jupiter
- Lune

📖 Lire

5 Lis l'emploi du temps (*timetable*). Vrai ou faux?

a   Le mardi, on fait de l'anglais.
b   Le lundi, on fait de l'EPS et de la technologie.
c   Le jeudi, on fait de la physique-chimie, de l'histoire-géo et de l'espagnol.
d   Le mercredi, on fait de l'anglais, de l'espagnol et des sciences de la vie et de la terre.
e   Le vendredi, on fait des maths et du français.

🌐 Francophonie

In France, Wednesday afternoons are free for most school students. Some have to go to school on Saturday mornings.

lundi	mardi	mercredi	jeudi	vendredi
EPS	anglais	arts plastiques	histoire-géo	maths
technologie	espagnol	musique	physique-chimie	informatique
maths	SVT	anglais	français	EPS

💬 Parler

6 À deux, faites des dialogues.

> Qu'est-ce que tu fais comme matières le lundi?

> Le lundi, je fais de l'EPS…

✏ Écrire

7 Écris un profil de toi et tes matières.

- Say what subjects you do: *Je fais… et… Je fais aussi…*
- Give your name: *Mon nom, c'est…*
- Give your school name: *Mon collège, c'est…*

soixante-dix-neuf 79

4.2 Qu'est-ce que tu aimes comme matières?

Focus on:
- adjectives with agreements
- giving opinions

Écouter

1 Écoute et lis.

(Qu'est-ce que tu aimes comme matières?
Moi, j'adore l'histoire.) (x 2)
Je trouve ça passionnant, c'est fascinant. C'est important, c'est mon truc.
Moi, j'adore l'histoire. Je trouve ça passionnant, c'est fascinant. C'est important, c'est mon truc.
(Qu'est-ce que tu aimes comme matières?
Moi, j'adore l'histoire.) (x 2)

(Qu'est-ce que tu n'aimes pas comme matières?
Je n'aime pas l'anglais.) (x 2)
Je trouve ça difficile. C'est compliqué. Ce n'est pas mon truc. J'ai horreur de ça.
Je n'aime pas l'anglais. Je trouve ça difficile. C'est compliqué. Ce n'est pas mon truc. J'ai horreur de ça.
(Qu'est-ce que tu n'aimes pas comme matières?
Je n'aime pas l'anglais.) (x 2)

Francophonie

This song was inspired by Angélique Kidjo's song *Wombo Lombo*. Grammy-winning Angélique Kidjo is an international star, the queen of Afro-Funk. Born in Benin, a country in West Africa, she speaks Fon, French, Yoruba and English. Angelique Kidjo now lives in New York.

Labolangue

Avoir horreur de…

avoir horreur de is a very common phrase. Use it to say you 'hate' or you're 'horrified by' something.

> J'ai horreur de ça!

Remember, you already know how to 'conjugate' *avoir*, i.e. use it in the present tense.

Lire

2 Trouve les expressions en français dans la chanson.

a It's fascinating.
b It's complicated.
c I find it difficult.
d I find it exciting.
e I hate that!
f It's my thing
g It's important.
h It's not my thing.

Parler

3 À deux, lisez ou chantez la chanson!

Écris une strophe ou deux pour continuer la chanson.

Parler

4 À deux, faites des dialogues.

| Qu'est-ce que tu aimes comme matières? |
| Qu'est-ce que tu n'aimes pas comme matières? |

Moi j'adore	le français.
Je n'aime pas	l'informatique.
	la technologie.
	les arts plastiques.
Je trouve ça	passionnant/fascinant.
C'est	important/facile/intéressant.
Ce n'est pas	difficile/compliqué/ennuyeux.
C'est mon truc.
Ce n'est pas mon truc.
J'ai horreur de ça.

80   quatre-vingts

L'école pour tous! | **4.2**

📖 Lire

5 **Relie les phrases (1–8) et les adjectifs en anglais (a–h).**

1. Le prof est amusant. La prof est amusante.
2. Le prof est strict. La prof est stricte.
3. Le prof est patient. La prof est patiente.
4. Le prof est tolérant. La prof est tolérante.
5. Le prof est juste. La prof est juste.
6. Le prof est enthousiaste. La prof est enthousiaste.
7. Le prof est sympathique. La prof est sympathique.
8. Le prof est gentil. La prof est gentille.

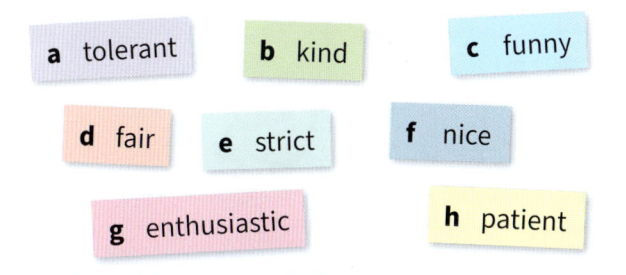

a tolerant   b kind   c funny
d fair   e strict   f nice
g enthusiastic   h patient

🎧 Écouter

6 **Comment sont les profs? Écoute (1–8) et écris la lettre du bon adjectif (activité 5).**

Exemple: 1 a

📖 Lire

7 **Corrige les phrases a–c en anglais.**

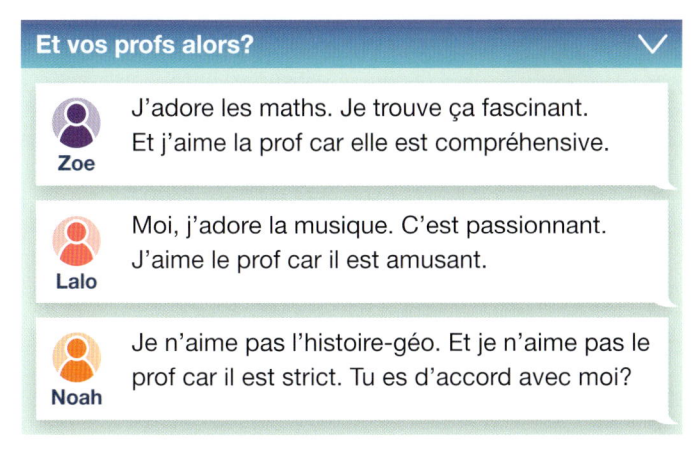

Et vos profs alors?

Zoe: J'adore les maths. Je trouve ça fascinant. Et j'aime la prof car elle est compréhensive.

Lalo: Moi, j'adore la musique. C'est passionnant. J'aime le prof car il est amusant.

Noah: Je n'aime pas l'histoire-géo. Et je n'aime pas le prof car il est strict. Tu es d'accord avec moi?

a Zoe likes her maths teacher because she is funny.
b Lalo loves music because the teacher is fair.
c Noah doesn't like the English teacher because he is strict.

⭐ Grammaire WB p. 41
Adjectives with agreements

When an adjective is used after *C'est* or *Ce n'est pas*, it is used in its masculine form:

C'est passionnant!   It's exciting!
Ce n'est pas amusant!   It's not funny!

When an adjective is used with a noun, it must 'agree' with the noun. It often adds an '-**e**' at the end for a feminine adjective and an '-**s**' or '-**es**' for a plural.

Le prof de maths est amusant.
*La prof de musique n'est pas amusant**e**.*
*Les profs (m) sont amusant**s**.*
*Les profs (f) sont amusant**es**.*

Other patterns:

masculine adjective	feminine adjective
compréhens**if**	compréhens**ive**
ennuy**eux**	ennuy**euse**

An irregular adjective: *gentil* is *genti**lle*** in the feminine form.

Adjectives that already end in 'e' stay the same in the feminine form: *juste, enthousiaste, sympathique*.

💬 Parler

8 **À deux, faites un dialogue.**

Comment sont tes profs?

J'aime/Je n'aime pas le/la prof de… car il/elle est…

🔀 Traduire

9 **Traduis en français.**

I like technology. I find it fascinating and the teacher (f) is funny and kind.

I don't like PE because the teacher (m) is not understanding. PE, it's boring. It's not my thing.

quatre-vingt-un 81

4.3 Comment est ton collège?

Focus on:
- the verb *aller* (to go)
- *à* + definite article
- talking about school facilities

Écouter

après le repas — after the meal
le CDI — school library

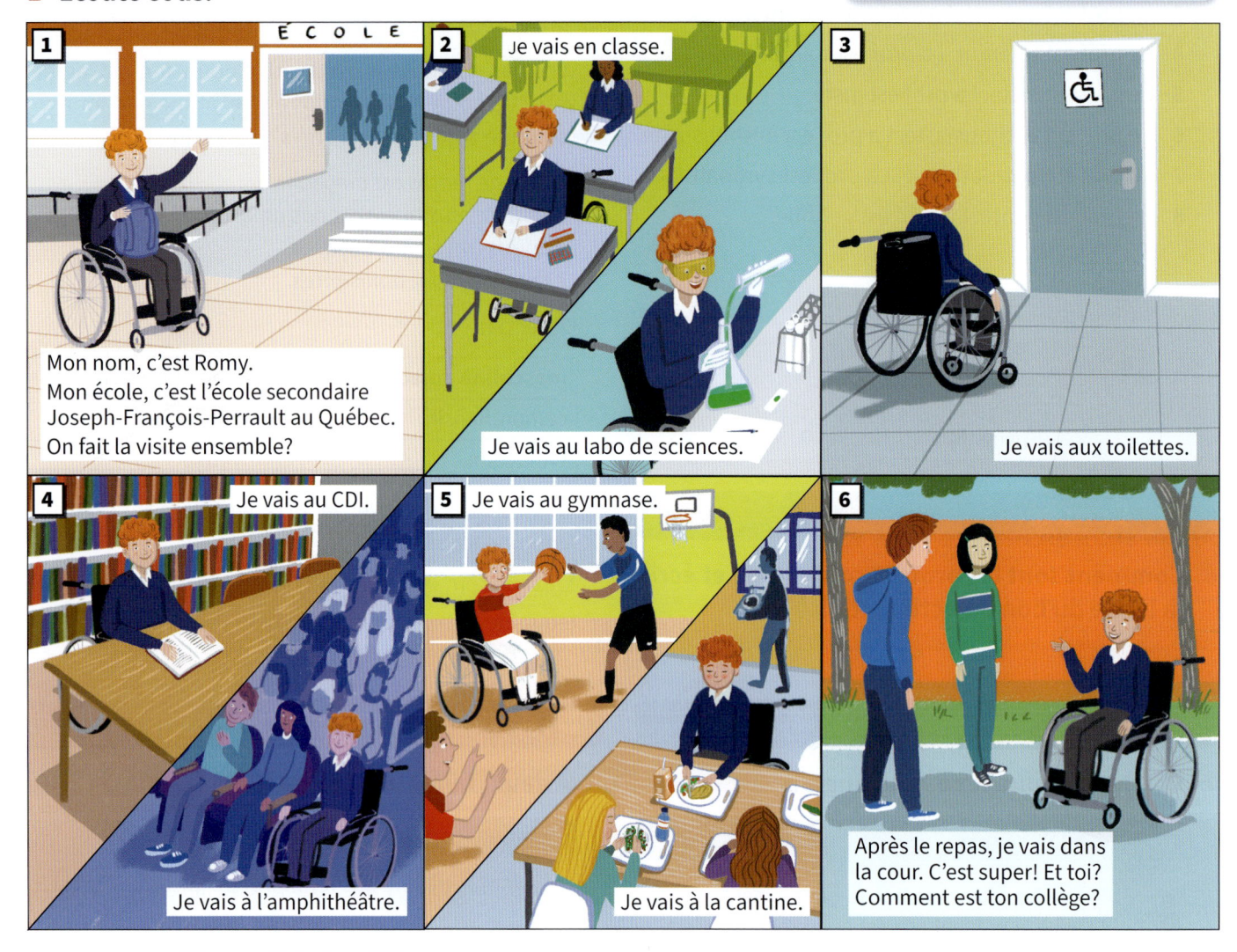

1 Écoute et lis.

1. Mon nom, c'est Romy. Mon école, c'est l'école secondaire Joseph-François-Perrault au Québec. On fait la visite ensemble?

2. Je vais en classe. Je vais au labo de sciences.

3. Je vais aux toilettes.

4. Je vais au CDI. Je vais à l'amphithéâtre.

5. Je vais au gymnase. Je vais à la cantine.

6. Après le repas, je vais dans la cour. C'est super! Et toi? Comment est ton collège?

⭐ Grammaire WB p. 43

The verb *aller* (to go)

je vais	I go/am going
tu vas	you (singular informal) go
il/elle/on va	he/she/one goes
nous allons	we go
vous allez	you (plural or formal) go
ils/elles vont	they go

à + definite article

à + le → au	à + la → à la
au gymnase	**à la** cantine
à + l' → à l'	à + les → aux
à l'amphithéâtre	**aux** toilettes

82   quatre-vingt-deux

L'école pour tous! 4.3

Grammaire

2 Mets dans le bon ordre. Traduis en anglais.

a gymnase On au va .
b au vas CDI Tu ?
c Ils laboratoire au vont .
d allons cantine à la Nous .
e vais aux toilettes aux Je .

Écouter

3 Écoute. On va où? Écris en anglais.

Exemple: library, …

4 Écoute encore une fois. Note toutes les formes du verbe 'aller'.

Exemple: je vais, …

Parler

5 À deux, jouez au jeu de dés.

(5 + 3) Cinq et trois. Vous allez au CDI.

(3 + 6) Trois et six. Elle va au gymnase.

1 = je	1 = lab
2 = tu	2 = toilets
3 = il/elle	3 = library
4 = nous	4 = canteen
5 = vous	5 = auditorium
6 = ils/elles	6 = gym

Lire

6 Lis le texte. Recopie et complète les phrases (a–e) en anglais.

Je suis Théo et mon école, c'est l'école du Nord sur l'Île Maurice.

Nous avons les salles suivantes: dix-neuf salles de classe et quatre labos de science.

Je vais au labo pour mes cours de SVT et de physique-chimie.

Nous avons trois salles informatiques. Je vais là-bas pour mes cours d'informatique.

Nous avons une salle de technologie. Nous avons une salle d'arts plastiques et aussi une salle de musique. J'aime la prof de musique, car elle est amusante. Pour terminer, on a un gymnase. Je vais au gymnase pour l'EPS et aussi pour le basket après les cours.

Et toi, comment est ton collège?

a Théo's school is called …
b There are four …
c Théo goes to the IT rooms for …
d They have a technology room, an … room and a … room
e He goes to the gym for … class and also for …

Francophonie

L'île Maurice (Mauritius) is an island in the Indian Ocean, east of Madagascar. Most of the population is of Indo-Pakistani origin, descendants of labourers who were brought to work in the sugar industry during the 19th and early 20th centuries. About 25% of the population is Creole (of mixed French and African descent). French is spoken by a small percentage. Mauritians commonly speak two, three, or even more languages.

Écrire

7 Décris une visite à ton collège. Utilise le texte de l'activité 1 comme modèle.

- Mon nom, c'est…
- Mon collège, c'est…
- Je vais…
- Après les cours, je vais…
- Et toi, comment est ton collège?

quatre-vingt-trois 83

4.4 Ma journée typique

Focus on:
- the pronoun *on*
- talking about the school day
- talking about times of the day

🎧 Écouter

1 Écoute et lis.

Il est huit heures.    Il est dix heures.    Il est quatre heures.    Il est cinq heures.

Voici ma journée typique au collège.

1 Je prends le petit-déjeuner chez moi et j'arrive au collège vers 8 heures.

2 On discute et après, on va en cours. On est 30 élèves dans la classe.

3 À 10 heures, on a récréation. J'adore ça. Nous faisons du sport.

4 À midi, on a la pause-déjeuner et on mange à la cantine.

5 Après les cours, vers quatre ou cinq heures, nous avons des clubs: on fait du dessin, de la danse ou de l'escalade.

📖 Lire

2 Trouve les expressions dans le texte.

a I have breakfast at home.
b At 10 o'clock, we have break.
c we go to class
d We are 30 pupils in a class.
e after lessons
f we do drawing

🌐 Francophonie

French words are often abbreviated, just as they are in English. You will often hear *le p'tit-déj* instead of *le petit-déjeuner* and *la récré* instead of *la récréation*.

84 quatre-vingt-quatre

4.4 L'école pour tous!

🔧 Labolangue

Il est**, **à and ***vers*** for talking about the time

When you want to say what time it is in French, you need to start with *Il est* + the number of hours. So, for example, 'It's five o'clock' is *Il est cinq heures*. Notice that for one o'clock, you say *Il est une heure*, without the 's' at the end of *heure*.

We use the preposition *à* when we want to say 'at' an exact time, and the preposition *vers* when we mean at about a certain time.

| *J'arrive à l'école vers huit heures.* | I get to school at about eight o'clock. |
| *Je mange à la cantine à midi.* | I eat in the canteen at midday. |

💬 Parler

3 À deux, jouez au 'BIP'. A lit une phrase et dit 'BIP'. B donne le bon mot.

> Je 'BIP' le petit-déjeuner.

> Prends!

> Oui, je prends le petit-déjeuner.

⭐ Grammaire WB p. 45
The pronoun *on*

On can mean 'one', 'you' or 'we'. It is extremely common in French. *On* uses the same verb forms as *il* and *elle*.

On *fait…* **On** *va…* **On** *écoute…* **On** *regarde…*

We do… We go… We listen to… We watch…

On *mange à la cantine*. We eat in the canteen.

⭐ Grammaire

4 Pour chacun de ces verbes, fais une phrase avec la forme correcte pour 'on'.

- aller
- aimer
- faire
- regarder
- adorer
- écouter

✏️ Écrire

5 C'est comment, une journée typique au collège pour toi? Recopie et complete les phrases.

> Voici ma routine au collège.
>
> J'arrive vers…
>
> On va en cours à…
>
> À… heures on a récré.
>
> On…
>
> Vers… on a la pause-déjeuner.
>
> Ensuite, on va…
>
> Après les cours, vers… heures, on…

➕ Écris tes réponses à ces questions.

- Qu'est-ce que tu fais comme matières? Pourquoi?
- Qu'est-ce que tu n'aimes pas comme matières? Pourquoi?
- Comment est ton collège? Comment sont tes profs?
- Raconte une journée typique au college.

quatre-vingt-cinq

4.5 Quel type d'élève vas-tu être?

Focus on:
- verb infinitives ending -ir and -re
- the near future tense
- talking about citizenship

🎧 Écouter

1 Écoute et lis. Relie les phrases (1–8 et a–h).

1 Je vais choisir la paix.
2 Je vais lire plus et écrire plus.
3 Je vais être citoyen du monde.
4 Je vais défendre les droits de l'homme et du citoyen.
5 Je vais respecter les autres.
6 Je vais développer ma confiance en moi.
7 Je vais travailler pour une école verte.
8 On va vivre heureux ensemble!

a I am going to be a citizen of the world.
b I am going to develop my self-confidence.
c I am going to choose peace.
d We are going to live happily together!
e I am going to defend human rights.
f I am going to work for a green school.
g I am going to read and write.
h I am going to respect others.

plus — more

✏️ Écrire

2 Choisis tes *cinq* objectifs.

Numéro un: Je vais respecter les autres.

Numéro deux: …

⭐ Grammaire

3 Trouve *neuf* infinitifs dans l'activité 1. Écris une liste.

4 Traduis les infinitifs en anglais.

⭐ Grammaire WB p. 47

-ir and -re infinitives

You have met many regular verbs with an infinitive that ends in -er:

jouer (to play)   *écouter* (to listen)   *décorer* (to decorate)

There are two more groups of verbs which follow a pattern:

- infinitives ending in -ir: *choisir* (to choose)
- infinitives ending in -re: *défendre* (to defend)

As well as these, you have met some irregular verbs:

aller (to go)   *être* (to be)   *faire* (to do/make)

The verbs *écrire*, *lire* and *vivre* are irregular too.

86 quatre-vingt-six

L'école pour tous! 4.5

⭐ Grammaire

5 Mets dans le bon ordre. Traduis en anglais.

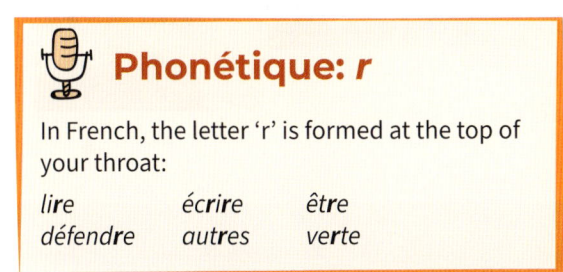

a choisir   Je   la   paix   vais .
b monde   être   du   citoyen   vais   Je .
c être   vais   Je   engagé(e) .
d moi   développer   en   vais   ma   Je   confiance .

🎤 Phonétique: r

In French, the letter 'r' is formed at the top of your throat:

lire   écrire   être
défendre   autres   verte

⭐ Grammaire WB p. 47

The near future tense

To say what is going to happen or what you are going to do, you use the near future tense.

It is made up of the present tense of *aller* (to go) plus an **infinitive**.

je vais	**choisir** la paix	I am going **to choose** peace
tu vas	**lire** plus	you are going **to read** more
il/elle/on va	**respecter** les autres	he/she/one is going to **respect** others
nous allons	**vivre** heureux ensemble	we are going **to live** happily together
vous allez	**travailler**	you are going **to work**
ils/elles vont	**aller** à l'école	they are going **to go** to school

📖 Lire

6 Recopie le texte et remplis les blancs.

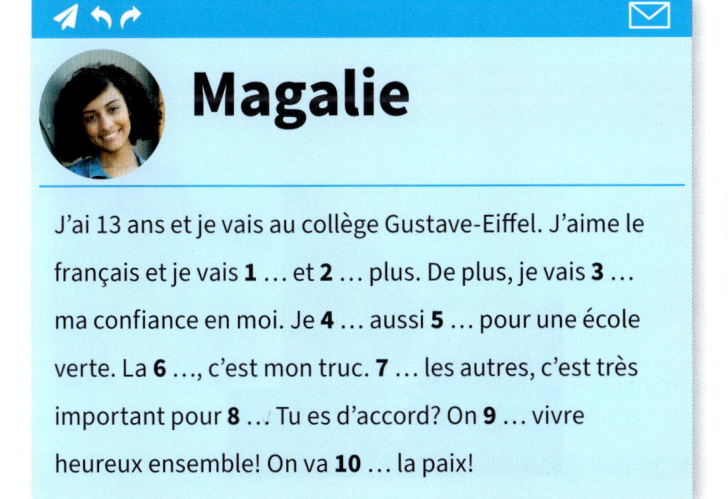

choisir   développer   écrire   lire   moi
planète   respecter   travailler   va   vais

Magalie

J'ai 13 ans et je vais au collège Gustave-Eiffel. J'aime le français et je vais **1** … et **2** … plus. De plus, je vais **3** … ma confiance en moi. Je **4** … aussi **5** … pour une école verte. La **6** …, c'est mon truc. **7** … les autres, c'est très important pour **8** … Tu es d'accord? On **9** … vivre heureux ensemble! On va **10** … la paix!

de plus   also

🎧 Écouter

7 Écoute (1–4). Qu'est-ce qui est important pour Tiago, Corinne, Aminata et Naël?

a peace
b reading/writing
c respect
d the environment

💬 Parler

8 En groupe, faites des dialogues.

Quel type d'élève vas-tu être?

Moi, je vais… car c'est important pour moi. Tu es d'accord?

Oui, je suis d'accord. Moi aussi, je vais…

✏️ Écrire

9 Quel type d'élève vas-tu être? Écris des phrases.

quatre-vingt-sept 87

4 C'est clair!

Focus on:
- reading for detail
- strategies for dealing with unfamiliar vocabulary

Écouter

1 Écoute et lis.

1 Le cirque, c'est ma passion!

Bonjour, mon nom c'est **Nordine**. À l'école, je fais du français, de l'anglais et des sciences.

J'aime beaucoup les maths car mon prof est très amusant. Il n'est pas du tout ennuyeux.

Mon collège est génial, mais l'année prochaine je vais changer d'école. Je vais aller à l'école de cirque de Québec où je vais découvrir le monde du cirque.

Je vais faire toutes les matières classiques, mais en plus, je vais pratiquer la roue Cyr, le vélo acrobatique, et la roue allemande. Ça va être super!

2 Danser, c'est mon truc!

Bonjour, je suis **Anna**. Je n'aime pas mon école, les cours sont ennuyeux. Je n'aime pas la prof d'histoire-géo, elle n'est pas compréhensive. Et je trouve ça difficile. C'est compliqué, toutes ces dates! J'ai horreur de ça. Ce n'est pas mon truc. Mais j'adore mon prof de musique. Il est top.

L'année prochaine, je vais aller au lycée Turgot à Paris où je vais étudier le hip-hop.

Je vais faire toutes les matières classiques et on va aussi faire entre sept et quinze heures d'entrainement par semaine. **On va danser au gymnase et on va aussi apprendre l'histoire de la danse. Ça va être génial!**

La danse, c'est mon truc et cette opportunité est fantastique pour moi!

3 La nature, le plein air, les animaux!

Bonjour! Moi, c'est **Franck**. J'habite à Paris, mais l'année prochaine, je vais travailler pour l'association « L'école à la ferme » en Suisse. Je vais vivre à la ferme et je vais accompagner les élèves qui visitent la ferme. On va visiter la ferme ensemble. Je vais présenter les animaux. **Les élèves vont apprendre beaucoup de choses. Par exemple, ils vont apprendre les difficultés de l'agriculture.**

Être dans un laboratoire ou une salle de classe, oui, c'est important, mais visiter une ferme et être dans la nature, c'est génial.

Ça va être top! C'est mon truc! Je trouve ça passionnant. Venez visiter!

Traduire

2 Traduis les phrases en gras en anglais.

Translate the sentences in bold in each text into English.

apprendre	to learn
découvrir	to discover
l'année prochaine	next year
qui	who
beaucoup de choses	lots of things

L'école pour tous! 4

🔑 Thinking about reading: Reading for detail

3 You might feel daunted when faced with a text in French. In pairs, discuss what you find tricky about reading French texts.

I can't understand anything! There are too many new words!

4 Look at activity 6. Do you need to read for detail or gist? Think about these questions to help you decide.
- Do I need to understand everything to answer the questions?
- Will other clues (photos, titles) help me answer the questions?
- What sort of answers do the questions require?

5 Read Nordine's text in activity 1 and focus on the vocabulary used. Copy and complete the table.

5 words I know	5 words I can guess	5 words I need to look up

When we read, we sometimes just want to gain a general idea, or 'gist', of what is being said, for example when we quickly skim over the news headlines. Sometimes, we want to find out specific information, such as opening times of a shop or prices on a website. Reading for 'detail' means focusing more closely on a passage to extract information from it.

- Use the questions to help you understand the text. Find the key words in each question and look for equivalent French words in the text.
- Look for true friends (cognates and near-cognates) to help you and watch out for false friends.
- Use the context of the text and other words in the sentence to help you work out the meaning of unfamiliar vocabulary.
- Focus on words that you do know, rather than worrying about words you don't know.

6 Lis les textes de l'activité 1. Réponds aux questions en anglais.

Focus on each question in turn.
- **a** What does Nordine say about his maths teacher?
- **b** What does Nordine say about his normal school subjects?
- **c** What does Anna say about her history teacher?
- **d** What does Anna say about training?
- **e** Where is Franck going to live next year?
- **f** What does Franck say about labs?

7 Swap with a partner and check each other's answers. Discuss (evaluate) how you approached the task. Ask each other these questions.
- How did you find the relevant information?
- How did you work out the meaning of unfamiliar words?
- What might you do differently next time?

quatre-vingt-neuf 89

4 Francophonie

Le tour du monde scolaire

1 Read the information about French school holidays. Answer the questions in English.

Vacances scolaires

Zone A	Besançon, Bordeaux, Clermont-Ferrand, Dijon, Grenoble, Limoges, Lyon, Poitiers	
Zone B	Aix-Marseille, Amiens, Caen, Lille, Nancy-Metz, Nantes, Nice, Orléans-Tours, Reims, Rennes, Rouen, Strasbourg	
Zone C	Paris, Créteil, Versailles, Montpellier, Toulouse	

	Zone A	Zone B	Zone C
Rentrée des élèves		jeudi 1er septembre	
Vacances de la Toussaint	Du samedi 22 octobre au lundi 7 novembre		
Vacances de Noël	Du samedi 17 décembre au mardi 3 janvier		
Vacances d'hiver	Du samedi 4 février au lundi 20 février	Du samedi 11 février au lundi 27 février	Du samedi 18 février au lundi 6 mars
Vacances de printemps	Du samedi 6 avril au lundi 24 avril	Du samedi 15 avril au lundi 2 mai	Du samedi 22 avril au lundi 9 mai
Vacances d'été		Samedi 8 juliet	

Francophonie

In France, some school holiday dates vary, depending on where you live. The country is divided into three zones with different holiday schedules.

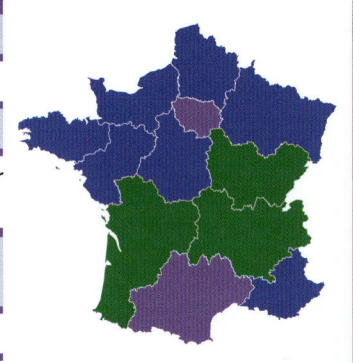

a When do students go back to school after the summer if they live in Caen?
b How long are the Christmas holidays?
c On what date do the winter holidays begin if you live in Besançon?
d Are you on holiday on 21 February if you live in Paris?
e If you live in Nice, what is the last date of your spring holiday?
f If you live in Bordeaux, are you in school on 23 April?

2 Listen (1–3) and decide which zone Aïcha, Jules and Sami live in: A, B or C?

1 Aïcha
2 Jules
3 Sami

les vacances	holidays
la Toussaint	All Saints' Day
Noël	Christmas
l'hiver	winter
le printemps	spring
l'été	summer
commencer	to start

3 In pairs, think about these questions.

- Why do you think there are different zones for holiday dates in France?
- Are there different zones in the country you live in?
- Which holiday dates are similar to your dates?
- Which are different?

90 quatre-vingt-dix

4 **Listen to and read the article. Decide if statements a–e are true or false.**

L'uniforme, tu es pour ou contre?

Grande-Bretagne

France

Allemagne

Japon

Côte d'Ivoire

Au Japon, en Grande-Bretagne et dans certaines écoles privées en France, on porte souvent un uniforme.

En Côte d'Ivoire, les garçons portent du kaki et les filles du bleu et du blanc.

En France, jusqu'en 1968, les enfants portent une blouse. Aujourd'hui en France, les élèves ne portent normalement pas d'uniforme.

En Allemagne, on ne porte pas d'uniforme.

Et pour toi, l'uniforme, c'est super ou c'est nul?

a Pupils in Japan don't wear uniform.
b In some private schools in France, pupils often wear uniform.
c In Ivory Coast, girls wear khaki and boys wear blue and white.
d In France, most students wear uniform.
e In Germany, pupils don't wear school uniform.

5 In groups, discuss these questions.
- Do you wear a school uniform?
- What are the arguments for and against wearing school uniform?
- Are there different rules for girls and boys?
- What do you think about that?

L'école pour tous!   4

quatre-vingt-onze   91

4 On récapitule

Lire

1 Lis les opinions. Positive (P) ou négative (N)?

a Le français, c'est facile.
b Les maths, j'ai horreur de ça.
c L'informatique, je trouve ça compliqué.
d J'aime beaucoup l'anglais.
e L'espagnol, je ne trouve pas ça difficile.
f Les arts plastiques sont fascinants.
g Ma prof de musique est sympa.
h L'histoire-géo, je ne trouve pas ça intéressant.
i Le CDI est trop bien.
j La physique-chimie, ce n'est pas mon truc.

✓ 10

2 Recopie et complète le texte.

Ben arrive au **1** … à huit heures. En cours de **2** …, il fait du basket. À la récréation, il **3** … au foot avec ses amis. En classe, il **4** … du français. À midi, il déjeune à la **5** … Puis il va au **6** … où il lit des livres.

Il aime son **7** … d'informatique car il est très tolérant. Il adore aussi les cours de musique. Ils sont **8** … Au collège, il y a une ferme où il y a beaucoup d'**9** … Ben **10** … beaucoup les animaux.

aime   animaux   cantine
CDI   collège   fait   sport
fantastiques   joue   prof

✓ 10

Max. ✓ 20 points

Écouter

3 Écoute et réponds aux questions en anglais.

a What time is Angela's first lesson?
b How many lessons are there in the morning?
c What time is morning break?
d What does Angela like doing at breaktime?
e How long is the lunch break?
f How many lessons are there in the afternoon?
g What time does school finish?
h What time does Angela normally get home?
i What does she do after school on Mondays?
j What does she think of that activity?

✓ 10

4 Écoute. Vrai ou faux?

a Romain loves art.
b There is an art club on Tuesdays.
c He also likes dancing.
d There is a dance club on Thursdays.
e On other days, he goes to the gym.
f Adèle goes to the library on Mondays and Tuesdays.
g She prefers going to the library alone.
h She plays video games there.
i The rest of the week, she plays with her friends outside.
j She likes her friends.

✓ 10

Max. ✓ 20 points

92 quatre-vingt-douze

L'école pour tous! 4

Écrire

5 Mets les mots dans le bon ordre.

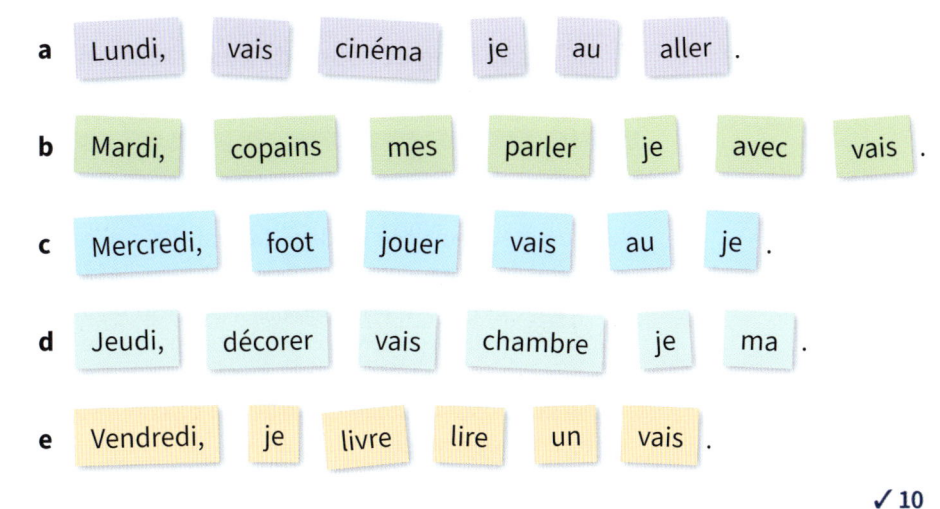

a Lundi, vais cinéma je au aller .

b Mardi, copains mes parler je avec vais .

c Mercredi, foot jouer vais au je .

d Jeudi, décorer vais chambre je ma .

e Vendredi, je livre lire un vais .

✓ 10

6 Traduis en français.
a I love maths. It's interesting.
b The teacher is patient and kind.
c At midday, we go to the canteen.
d After lessons, we have clubs.
e I am going to read and write more.

✓ 10

Max. ✓ 20 points

Tes résultats

How many points did you get? Ask your teacher for the answers.
Write down your score out of a total of 20 for Reading, Listening and Writing.
Find the right combination of Bronze, Silver and Gold activities for you on pages 94–95.

0–6 points
Well done! Do the Bronze activity in the next section.

7–12 points
Great! Do the Silver activity in the next section.

13–20 points
Fantastic! Do the Gold activity in the next section.

quatre-vingt-treize 93

4 En avant!

Bronze

1 Read about Leo's school day and put the statements in the correct order.

> a On a récréation à dix heures.
> b Je vais au collège à huit heures.
> c Après les cours, je fais du dessin.
> d La pause-déjeuner est à midi.
> e Après le déjeuner, j'ai trois cours.
> f On discute et puis on va en classe.

2 Listen (1–5) and decide if each opinion is positive (P), negative (N) or both (P+N).

3 Complete the sentences in French with your own details.

a J'aime… parce que…
(*Name a subject you like and say why.*)

b Le/La prof est…
(*Say what the teacher is like.*)

c Je n'aime pas… parce que…
(*Name a subject you don't like and why.*)

d À midi, on…
(*Say what you do at lunchtime.*)

e Après les cours, on…
(*Say what you do after lessons.*)

Argent

4 Lis le blog et réponds aux questions en anglais.

Marthe

Je suis élève au lycée Frédéric-Mistral. J'ai douze ans et j'aime beaucoup mon lycée. Je travaille bien en classe et l'année prochaine, je vais lire et écrire plus. Ma matière préférée, c'est l'espagnol parce que ce n'est pas difficile et que ma prof est super sympa. Mais je déteste l'histoire car je trouve ça ennuyeux et le prof est trop strict.

1 What is the name of Marthe's school?
2 How old is she?
3 How does she intend to become a better student?
4 How does she find Spanish?
5 What does she think of history?
6 Why doesn't she like the history teacher?

5 Écoute. Qui dit quoi: c'est Emma ou Yves?

a I'm not keen on English.
b I'm going to learn English.
c I'm going to visit my new school on Friday.
d I'm going to learn Spanish.
e Languages are my thing.

6 Écris un texte (40 à 60 mots) sur ton école. Mentionne:

- tes matières
- tes profs
- tes salles de classe
- ta routine.

94 quatre-vingt-quatorze

Or

7 Lis le texte. Vrai ou faux?

★★★★★

Au lycée, je ne trouve pas les profs très sympathiques. Ils ne sont pas patients avec les élèves. Mon prof d'anglais est trop strict, par exemple. Moi, je trouve l'anglais compliqué mais j'écoute en classe et je travaille bien. Ma prof de sciences n'est pas très compréhensive. Les sciences, je trouve ça difficile et je n'aime pas ça du tout. Mais il y a aussi des profs qui sont gentils – la prof d'EPS par exemple. Elle aime bien les élèves et, au gymnase, elle est enthousiaste. J'adore l'EPS!

Francine

a Francine n'aime pas les profs d'anglais, de sciences et d'EPS.
b L'anglais est une matière difficile pour Francine.
c En cours d'anglais, elle ne travaille pas bien.
d Elle aime la prof de sciences.
e Elle déteste les sciences.
f Elle aime et respecte la prof d'EPS.

8 Écoute et réponds aux questions en anglais.

a What is Alice's favourite school subject?
b Which **two** other subjects does she also like?
c Why is Alice not keen on science and music? Give **two** details.
d Why does Mathieu hate English?
e Which subject does Mathieu prefer?
f Which school subject do they both like?

9 Écris un paragraphe (80 mots) sur ton école. Mentionne:

- les matières et les profs que tu aimes et pourquoi
- les matières et les profs que tu n'aimes pas et pourquoi pas
- tes activités à la pause-déjeuner
- tes projets pour l'année prochaine.

En plus

- Try to make your sentences longer by using conjunctions: *et, mais, pourtant, aussi*.
- When you give your opinion, give a reason for it. Use *car* or *parce que* as a link between the opinion and the reason.
- When writing about the future, use *Je vais* followed by a verb in the infinitive. Using time phrases can also help indicate the future: *L'année prochaine, je vais travailler…*

4 Vocabulaire

4.1 Je fais du français!
I do French!

	Qu'est-ce que tu fais comme matières?	*What subjects do you do?*
	Je fais…	*I do…*
du	français	*French*
de l'	anglais	*English*
de l'	espagnol	*Spanish*
de l'	éducation physique et sportive (EPS)	*PE*
de l'	histoire-géo	*history/geography*
de l'	informatique	*ICT*
de la	musique	*music*
de la	physique-chimie	*physics and chemistry*
de la	technologie	*technology*
des	arts plastiques	*art*
des	maths	*maths*
des	sciences de la vie et de la terre (SVT)	*biology*
le	lundi	*Monday*
le	mardi	*Tuesday*
le	mercredi	*Wednesday*
le	jeudi	*Thursday*
le	vendredi	*Friday*
le	samedi	*Saturday*
le	dimanche	*Sunday*

4.2 Qu'est-ce que tu aimes comme matières?
What subjects do you like?

	facile	*easy*
	fascinant	*fascinating*
	important	*important*
	intéressant	*interesting*
	passionnant	*exciting*
	compliqué	*complicated*
	difficile	*difficult*
	ennuyeux	*boring*
le/la	prof(esseur)	*teacher*
	amusant(e)	*funny*
	compréhensif/ compréhensive	*understanding*
	enthousiaste	*enthusiastic*
	gentil/gentille	*kind*
	juste	*fair*
	patient(e)	*patient*
	strict(e)	*strict*
	sympa(thique)	*nice*
	tolérant(e)	*tolerant*
	J'ai horreur de ça!	*I hate it!*

4.3 Comment est ton collège?
How is your school?

	aller	*to go*
	au CDI	*to the library*
	au gymnase	*to the gym*
	au labo(ratoire de sciences)	*to the (science) lab*
	à l'amphithéâtre	*to the auditorium*
	à la cantine	*to the canteen*
	aux toilettes	*to the toilet*
	dans la cour	*to the playground*
	en classe	*to class*
la	salle	*room*

96 quatre-vingt-seize

L'école pour tous! 4

4.4 Ma journée typique
My typical day

	Je prends le petit-déjeuner.	I have breakfast.
	J'arrive au collège vers…	I get to school at about…
	On discute.	We chat.
	Je vais en cours/en classe.	I go to class.
	Je fais du sport.	I do sport.
	Je fais du dessin.	I draw.
	Je fais de la danse.	I dance.
	Je fais de l'escalade.	I go climbing.
la	routine	routine
la	récré(ation)	breaktime
le	déjeuner	lunch
la	pause-déj(euner)	lunch break
les	classes	classes
	À 10 heures, on a récréation.	At 10, we have breaktime.
	À midi, on mange à la cantine.	At midday, we eat in the canteen.
	Après les cours…	After lessons/the school day…

4.5 Quel type d'élève vas-tu être?
What type of student are you going to be?

Je vais…	I am going…
On va…	We are going…
choisir la paix	to choose peace
lire et écrire plus	to read and write more
être citoyen du monde	to be a citizen of the world
défendre les droits de l'homme et du citoyen	to defend human rights
respecter les autres	to respect others
développer ma confiance en moi	to develop my self-confidence
travailler pour une école verte	to work for a green school
vivre heureux ensemble	to live happy together

📖 Use your dictionary: victory with verbs

Verbs are used in various forms and tenses, but dictionaries list the infinitive.

▸ Look for entries labelled *verb*. The infinitives will end in *-er*, *-re* or *-ir*.

▸ Read all the meanings given. Yours needn't be the first one!

Nous avons fondé un journal de classe.

fonder *verb* [1]
1 to found

▸ We founded a class newspaper.

Je vais défendre les droits de l'homme et du citoyen.

défendre *verb* [3]
2 to defend

▸ I am going to defend human rights.

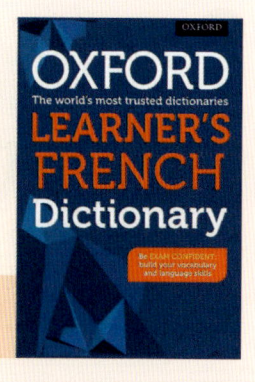

Use your dictionary to check for the correct meaning of a verb.

quatre-vingt-dix-sept 97

5 Moi et mon avenir
On y va!

1 **What is their job? Read the fact files and match each French-speaking celebrity (1–4) to the correct job (a–d).**

1 
Nom: MC Solaar
Nationalité: il est tchadien et français
Boulot: chanteur et musicien
Personnalité: créatif, sociable

a freestyle footballer
b author
c influencer and videographer
d singer and musician

2 
Nom: Melody Donchet
Nationalité: elle est française
Boulot: championne du monde de foot freestyle
Personnalité: sportive, énergique

2 **Read the fact files again. Answer the questions in English.**
  a Who has achieved international success?
  b Whose parents must be of different nationalities?
  c Who enjoys making music?
  d Who is involved in online activities?

3
Nom: Nasser Sari
Nationalité: il est français
Boulot: influenceur, vidéaste
Personnalité: compréhensif, curieux

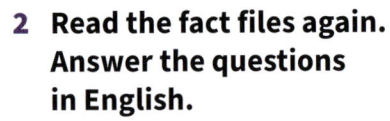

Francophonie
Nasser Sari, known as NasDas, lives in Perpignan, a city located on the French border with Spain and known for its strong Catalan influence. He wants to document life in a working-class neighbourhood, rather than the usual luxury lifestyle portrayed by influencers on social media.

4
Nom: Laura Nsafou
Nationalité: elle est française, congolaise, martiniquaise
Boulot: auteure
Personnalité: calme, studieuse

98 quatre-vingt-dix-huit

Moi et mon avenir   5

3 **Look at the image from the fairy tale *Cinderella*. Match the characters (1–4) with their French names and descriptions (a–d).**

a La fée marraine est gentille et magique.
b Le Prince charmant est dynamique et sympathique.
c Cendrillon est travailleuse et timide.
d Les deux belles-sœurs sont paresseuses et impatientes.

Francophonie

Cinderella is a very old story, but the best-known version which includes features such as the glass slipper and the pumpkin was written in 1697 by a Frenchman, Charles Perrault. When he lost his job working for King Louis XIV, he started writing stories for his children.

4 **Read Elsa's post about her best friend Saraï. Copy and complete the table in English.**

Elsa

♡ Saraï est #MaMeilleureAmie. Elle a dix-huit ans, elle a les yeux marron et les cheveux noirs et longs. Elle est amusante est patiente. Elle est mon modèle parce qu'elle respecte les autres. Elle aime l'EPS, mais elle n'aime pas les maths. Le vendredi, on fait de la danse. Le samedi, on voit des amis. ♡

Friend's name	Saraï
Age	
Appearance	
Personality	
Why she is Elsa's role model	
Likes and dislikes	
What they do together	

5 **Write a post about your own best friend. Include the same type of details as in the table.**

quatre-vingt-dix-neuf 99

5.1 C'est quoi, un modèle?

Focus on:
- the relative pronoun *qui*
- position of adjectives
- talking about role models

Écouter

1 Écoute et lis. Relie les posts et les images.

Caro: Salut! Moi, c'est Caro. Mon modèle, c'est quelqu'un qui est très **travailleur**. C'est un footballeur **talentueux**.

Karim: Bonjour! Mon nom, c'est Karim. Mon modèle, c'est quelqu'un qui est **sportif** et **actif**. C'est une athlète qui gagne des médailles.

Eden: Moi, c'est Eden. Pour moi, un modèle, c'est quelqu'un qui est **créatif** et **dynamique**. Mon modèle, c'est une chanteuse française.

Claude: Salut, tous! Mon nom, c'est Claude. À mon avis, un modèle, c'est quelqu'un qui est **courageux** et **intelligent**. Mon modèle, c'est un écologiste sénégalais.

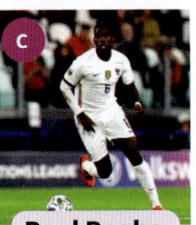

a Marie-Amélie Le Fur
b Yero Sarr
c Paul Pogba
d Pomme

quelqu'un	someone
gagner	to win
des médailles	medals
sénégalais(e)	Senegalese

Lire

2 Traduis les adjectifs en gras en anglais.
Translate the adjectives in **bold** into English.

Parler

3 À deux, jouez: c'est qui?

— Pour moi, un modèle, c'est quelqu'un qui est actif et sportif.
— C'est Marie-Amélie Le Fur?
— Oui, c'est Marie-Amélie Le Fur!

Lire

4 C'est qui? Choisis la bonne image (activité 1).
1 Il est courageux et intelligent.
2 Elle est créative et dynamique.
3 Il est travailleur et talentueux.
4 Elle est sportive et active.

Rappel

Adjective agreement

Regular adjectives add an '-e' in the feminine form:
Il est intelligent.   He is intelligent.
Elle est intelligent**e**.   She is intelligent.

Other adjectives follow different patterns.

Il est …	Elle est …
dynamique	dynamique
act**if**	act**ive**
créat**if**	créat**ive**
sport**if**	sport**ive**
courag**eux**	courag**euse**
talentu**eux**	talentu**euse**
travail**leur**	travail**leuse**

⭐ Grammaire WB p. 53
The relative pronoun *qui*

Relative pronouns link two parts of a sentence together, to say more about someone or something.

*Pour moi, un modèle, c'est quelqu'un **qui** est patient.*
For me, a role model is someone **who** is patient.

100 cent

Moi et mon avenir — 5.1

🎧 Écouter

5 Écoute Magalie et lis. Remplis les blancs.

Ma mère est un modèle pour moi. Elle m'inspire parce qu'elle est **1** … et **2** … Sa passion, c'est les sciences. Mon beau-père est aussi un modèle. Il adore lire, comme moi, et il est aussi très **3** …

Ma **4** … sœur est aussi un modèle pour moi. Sa passion, c'est les maths. Elle m'aide avec mes devoirs. Elle est super **5** … Mon **6** … demi-frère est un modèle aussi. C'est quelqu'un qui est **7** … et **8** … Il m'inspire parce qu'il est engagé et un vrai citoyen du monde.

Un autre modèle pour moi, c'est ma grand-mère. Elle est très **9** … Si j'ai un problème, je parle avec ma grand-mère, sans hésitation. Elle ne me juge pas. Sa passion, c'est la musique. Elle joue du piano et elle est très **10** …

| il/elle m'inspire | he/she inspires me |
| elle ne me juge pas | she doesn't judge me |

ma mère — *mon beau-père* — *ma grande sœur* — *ma grand-mère* — *mon petit demi-frère*

📖 Lire

6 Trouve les mots dans le texte.
- **a** my grandmother
- **b** my stepdad
- **c** my little half-brother
- **d** my mum
- **e** my big sister

⭐ Grammaire WB p. 53
Position of adjectives

Most adjectives come **after** the noun:

*C'est un modèle **talentueux**.*
*J'ai les cheveux **bruns**.*

A few very common adjectives go **before** the noun.

*Mon **petit** frère est un modèle.*
*Ma **grande** sœur est super patiente.*
*Choisis la **bonne** image.*

💬 Parler

7 À deux, faites des dialogues. A est Magalie, B choisit un membre de sa famille.

> Moi, je suis talentueuse et compréhensive.
>
> Tu es ma grand-mère!

🎤 Phonétique: è**re**

è**re** = 'air'

m**ère**   fr**ère**   p**ère**

✏️ Écrire

8 Qui est un modèle pour toi? Écris des paragraphes.

> Pour moi, un modèle est quelqu'un qui est…
> Mon père/Ma belle-mère est un modèle parce qu'il est/qu'elle est… Il/Elle m'inspire parce qu'il/qu'elle est…

cent-un 101

5.2 Mes amis et moi

Focus on:
- comparative adjectives
- *je voudrais* + infinitive
- saying what you and your friends are like

Écouter

1 Écoute et lis.

Ehioze: Moi, j'habite au Bénin. Ma meilleure amie, c'est Isoke. Je suis tolérant, mais Isoke est plus sympa que moi. Elle est aussi moins impatiente et plus compréhensive.

Rania: Moi, j'habite en Tunisie. Mon meilleur ami, c'est Midou. Je ne suis pas paresseuse, mais Midou est plus travailleur que moi. Il est beaucoup plus sérieux. Il aime faire ses devoirs!

Ambre: Nous habitons en Suisse. Moi, je suis sportive et très active. Je suis plus sociable que Noah et il est plus timide et plus calme que moi. C'est mon meilleur ami et il est super gentil!

Francophonie

Bénin and Tunisia are countries in Africa. As they are former French colonies, French is spoken alongside some African languages and Arabic.

Switzerland has four official languages: French, German, Italian and Romansh.

Grammaire

2 Trouve les adjectifs comparatifs dans les textes. Écris une liste.

Lire

3 Lis les phrases. C'est qui (activité 1)?
a Mon amie est plus sympa que moi.
b Mon ami est plus timide que moi.
c Mon amie est moins patient que moi.
d Je suis moins sociable que mon ami.
e Je suis moins travailleuse que mon ami.
f Je suis plus sérieux que mon amie.

Parler

4 À deux. Faites des dialogues.

— Moi, je suis plus impatient que toi.
— Tu es Ehioze!

Grammaire WB p. 55
Comparative adjectives

Comparative adjectives describe a noun by comparing it with another. This is often done by putting **plus** (more) or **moins** (less) in front of the adjective.

*Karin est **travailleur**. Il est **plus travailleur** que moi. Je suis **moins travailleur** que Karim.*
Karim is **hard-working**. He is **more hard-working** than I am. I am **less hard-working** than Karim.

In English, we use 'more' or 'less' to form a comparative adjective, or we add '-er' to a short adjective:

*Caro est **plus gentille** que moi. Je suis **moins gentil** que Caro.*
Caro is **kinder** than me. I am **less kind** than Caro.

Here, comparative adjectives are followed by *que* ('than') and an **emphatic pronoun** (*moi, toi*).

102 cent-deux

Moi et mon avenir — 5.2

Grâce

Voici mon meilleur ami, Lucas. Il est très travailleur. **Moi, je ne suis pas paresseuse mais je suis moins travailleuse que Lucas. Je voudrais être plus sérieuse, donc je vais lire et écrire plus!** Nous sommes tous les deux intelligents, mais je suis beaucoup plus créative. J'adore faire du dessin et des arts plastiques. C'est mon truc! Lucas préfère faire ses devoirs de maths. C'est sa passion.

Lucas

Voici ma meilleure amie, Grâce. Elle est très intelligente et beaucoup plus sociable que moi. Elle adore faire la fête avec ses copains. **Moi, je voudrais être moins timide, donc je vais faire de la danse pour développer ma confiance en moi. Nous sommes tous les deux sportifs, mais elle est plus sportive que moi.** Grâce est plus dynamique et énergique et, moi, je suis plus calme. Elle adore faire du sport, mais moi, je préfère lire!

meilleur(e)	best
je voudrais être	I would like to be
donc	therefore, so
tous les deux	both (of us)

Lire

5 Lis le texte. Vrai ou faux?

a Grâce is less hard-working than Lucas.
b Grâce is less creative than Lucas.
c Grâce would like to be more intelligent.
d Lucas is less sociable than Grâce.
e Lucas is sportier than Grâce.
f Lucas would like to be less shy.

6 Traduis les phrases *en gras* dans le texte (activité 5) en anglais.

Labolangue

Translating

When you translate, make sure you account for every word: little words sometimes make a big difference to a sentence.

When you have translated something into English, read it through and check that what you have written sounds natural in English.

Traduire

7 Traduis en français.

a My best friend (f) is kinder than me.
b I would like to be more sociable.
c We are both very patient.
d I would like to be less lazy.
e He would like to be more hard-working.

Grammaire WB p. 55

je voudrais + infinitive

You can use *je voudrais* + infinitive to say you would like to do something:

Je **voudrais** être plus sérieuse. I **would like** to be more serious.
Je **voudrais** être moins timide. I **would like** to be less shy.

cent-trois 103

5.3 C'est quoi, un bon ami?

Focus on:
- adverbs of frequency
- the negative form *ne … jamais*
- talking about what makes a good friend

Tu es un(e) bon(ne) ami(e)?

Personne n'est parfait! — Nobody's perfect!
Ne t'en fais pas! — Don't worry!

1 Tu es sociable?
- a Oui, toujours.
- b Oui, parfois.
- c Non, jamais.

2 Tu es patient(e)?
- a Oui, toujours.
- b Oui, parfois.
- c Non, rarement.

3 Tu es tolérant(e)?
- a Oui, toujours.
- b Oui, parfois.
- c Non, jamais.

4 Tu es gentil(le)?
- a Oui, toujours.
- b Oui, de temps en temps.
- c Non, rarement.

5 Tu es compréhensif/compréhensive?
- a Oui, souvent.
- b Oui, parfois.
- c Non, jamais.

Analyse des résultats:
a = 3 points, b = 2 points, c = 1 point
Si tu as 15 points, tu n'es pas un(e) bon(ne) ami(e), tu es un(e) ami(e) parfait(e)!
Si tu as moins de 15 points, ne t'en fais pas! Personne n'est parfait!

Lire

1 Lis le quiz. Trouve les mots dans le texte.
- a always
- b sometimes
- c never
- d often
- e from time to time

Écouter

2 Écoute (1–5). Recopie et complète la grille avec les lettres (a–e) de l'activité 1.

	Théo	Noémie
1	c	
2		

3 Écoute encore une fois. Vrai ou faux? Corrige les phrases qui sont fausses.
- a Noémie n'est pas toujours patiente.
- b Elle est parfois gentille.
- c Elle est toujours compréhensive.
- d Théo n'est jamais sociable.
- e Il est parfois patient.
- f Il n'est pas toujours tolérant.

Labolangue

Position of adverbs of frequency

In French, **adverbs of frequency** usually go **after** the verb.
Elle <u>est</u> **toujours** gentille.   She's always kind.
Je <u>suis</u> **souvent** patient.   I'm often patient.

Moi et mon avenir — 5.3

💬 Parler

4 À deux. Posez des questions et répondez.

> Tu es …?
>
> Oui, je suis toujours/parfois…
>
> Non, je ne suis jamais…

calme	sympa
patient(e)	gentil(le)
travailleur/travailleuse	sociable
compréhensif/compréhensive	tolérant(e)

⭐ Grammaire WB p. 57

ne … jamais (never)

You have already used the structure *ne … pas* to make a verb negative.

J'aime ça. Je **n'**aime **pas** ça.   I like it. I don't like it.

ne … jamais ('never') also wraps around the verb:

Je **ne** suis **pas** patient(e).   I am **not** patient.
Je **ne** suis **jamais** patient(e).   I am **never** patient.

Note that *Jamais!* ('Never!') was used in the quiz on its own, as an exclamation, without a verb.

📖 Lire

5 Lis et réponds aux questions: Franck ou Marc?

@planete123

À mon avis, je suis un bon ami parce que je suis calme et que je ne juge jamais mes copains. Je suis plus tolérant que mon ami, Franck. Moi, je suis quelquefois timide mais, de temps en temps, je fais la fête. Ce que j'aime chez Franck, c'est qu'il est souvent sociable. Il est beaucoup plus sociable que moi. Alors, pour moi, Franck est un bon ami.

@animaux80

À mon avis, je suis un bon ami parce que je suis toujours sociable. J'aide mes amis qui sont plus timides que moi. Je suis rarement calme, mais je suis souvent gentil. Pour moi, Marc est un très bon ami. Il est toujours gentil, il n'est jamais agressif. Ce que j'aime chez Marc c'est qu'il est super patient et qu'il écoute toujours ses amis.

Ce que j'aime chez…, c'est que…	What I like about… is that…

a Who is rarely quiet?
b Who pays attention to his friends?
c Who occasionally likes going to parties?
d Who is often sociable?
e Who is kind most of the time?
f Who is more tolerant than their friend?

6 Dans les textes (activité 5), trouve:

a a synonym for *amis*
b an antonym for *jamais*
c an antonym for *calme*
d two synonyms for *parfois*
e an antonym for 'often'
f an antonym for 'rarely'

⚙️ Labolangue

Synonyms and antonyms

A synonym is a word that means the same (or nearly the same) as another word: *gentil(le)* is a synonym for *sympa*.

An antonym is a word that means the opposite to another: *impatient(e)* is the antonym for *patient(e)*.

✏️ Écrire

7 Écris deux paragraphes: Mon ami(e) et moi. Utilise les phrases de l'activité 5 comme exemples.

cent-cinq 105

5.4 Mon boulot, ma passion!

Focus on:
- the verb *vouloir* (to want)
- referring to the future and the past
- talking about jobs

Écouter

1 Écoute (1–8). Choisis la bonne image.

Exemple: 1 e

Tu veux faire quoi, comme boulot? Je veux être…

a médecin
b écologiste
c enseignant(e)
d graphiste
e interprète
f vétérinaire
g styliste
h entraineur/entraineuse

2 Écoute encore une fois (1–8). Qu'est-ce qu'ils aiment?

Exemple: 1 languages

Lire

3 Lis et choisis le bon métier (*job*) (activité 1).

Je veux…
1 travailler avec des animaux.
2 travailler avec des enfants.
3 travailler sur un ordinateur.
4 travailler en équipe.
5 aider les autres.
6 aider la planète.
7 utiliser mes langues.
8 créer des vêtements.

Labolangue

Jobs and professions

In French, when saying what job you want to do, you don't use the indefinite article – you don't say *un* or *une*: *Je veux être médecin.* I want to be **a** doctor.

Grammaire WB p. 59

The verb *vouloir* (to want)

Vouloir is a **modal** verb. Modal verbs can be used on their own or followed by an infinitive.

Je **veux** un boulot.   I **want** a job.
Je **veux** aider les autres.   I **want** to help other people.

je veux	I want
tu veux	you want (singular informal)
il/elle/on veut	he/she/one wants
nous voulons	we want
vous voulez	you want (plural or formal)
ils/elles veulent	they want

5.4 Moi et mon avenir

Parler

4 À deux, faites des dialogues.

C'est quoi, ton truc/ta passion?	Mon truc, c'est Ma passion, c'est	les langues/sciences/animaux. le sport/dessin. la mode/musique/planète/technologie.
Tu veux faire quoi comme boulot/métier?	Je veux être	médecin/écologiste/enseignant(e). graphiste/interprète/vétérinaire. styliste/entraineur, entraineuse.
Tu veux faire quoi?	Je veux	travailler…/aider… utiliser…/créer…

Lire

5 Lis les textes et trouve les expressions.

- a racing driver
- b since childhood
- c since the age of 12
- d in a team
- e abroad
- f in the future
- g he intends to

6 Réponds aux questions.

Who…?
- a loves cooking
- b works in a team
- c has future plans
- d finds respect important
- e started their career at a young age
- f has to travel

Lucile Cypriano a 26 ans et elle est pilote de course. Sa passion depuis l'enfance, c'est la course. Elle fait du karting depuis l'âge de 12 ans et depuis neuf ans, elle fait de la course automobile F4. Elle est très travailleuse et ambitieuse. Elle travaille en équipe et elle fait beaucoup de courses à l'étranger.

Mory Sacko a 30 ans et c'est un chef cuisinier talentueux. Ses parents sont du Mali, en Afrique. Depuis trois ans, il a un restaurant à Paris, MoSuke, et à l'avenir, il a l'intention de promouvoir la cuisine africaine comme cuisine gastronomique. Il est souvent à la télévision. Un modèle pour lui, c'est quelqu'un qui est travailleur et qui respecte les autres.

Traduire

7 Traduis en français.

- a I want to be a fashion designer.
- b I want to use languages.
- c My passion since the age of six has been football.
- d I have wanted to be a doctor for three years.
- e In the future, I want to be a sports coach.
- f I intend to work in a team.

⭐ Grammaire WB p. 59
Referring to future and past events

One way to talk about the future is to add an appropriate time expression to a present tense phrase:

À l'avenir, je **veux travailler** avec…
In the future, I **want to work** with…

You can talk about the past by using *depuis* ('since' or 'for') with a present tense verb:

*Elle **fait** du karting depuis l'âge de 12 ans.*
She **has been doing** karting since the age of 12.

*Depuis trois ans, il **a** un restaurant à Paris.*
He **has had** a restaurant in Paris for three years.

Écrire

8 Écris un mail.

- Ma passion/Mon truc, c'est…
- Je veux être…
- Je veux travailler/aider/utiliser/créer…

5.5 Qualités personnelles, qualités professionnelles

Focus on:
- il faut + infinitive
- talking about the future

🎧 Écouter

1 Écoute et lis.

naturepourmoi21
Moi, je veux être garde forestier dans un parc national. Pour faire ça, il faut être passionné par la nature et les animaux. Tout d'abord, il faut choisir un apprentissage ou faire du bénévolat. Moi, je vais travailler dans un refuge pour animaux au Québec où je voudrais aider les ours bruns. Bien sûr, il faut travailler dur et habiter à l'étranger. Pour moi, ça, c'est passionnant!

motsetaventure341
Je suis passionné par les langues et je veux être guide touristique. Je voudrais travailler pour une entreprise de vacances d'aventures. Pour être guide, il faut être très sociable, aimer le contact avec les autres et parler plusieurs langues. Il faut aussi voyager beaucoup à l'étranger, donc c'est un boulot parfait pour moi! Mais d'abord, il faut aller à l'université – je vais bien sûr étudier des langues!

garde forestier dans un parc national	national park ranger
un/une guide touristique	tour guide
bien sûr	of course

📖 Lire

2 Trouve dans les textes:
- **deux** phrases avec 'je veux' + infinitif
- **deux** phrases avec 'je voudrais' + infinitif
- **deux** phrases avec 'je vais' + infinitif

3 Dans les textes, trouve les phrases.
a You have to be passionate about nature and animals.
b You need to choose an apprenticeship.
c You have to work hard and live abroad.
d You need to speak several languages.
e You have to travel abroad a lot.
f You have to go to university.

💬 Parler

4 À deux, jouez le jeu!

> Pour être garde forestier, il faut être passionné par la nature.

> Pour être garde forestier, il faut être passionné par la nature et il faut faire un apprentissage.

> Pour être garde forestier, il faut être passionné par la nature, il faut faire un apprentissage et…

🎤 Phonétique: *au* and *ou*

| il f**au**t | **au** | **au**ssi |
| je v**ou**drais | t**ou**t | **ou** | **où** |

⭐ Grammaire WB p. 61
il faut + infinitive

Use the infinitive after *il faut* to say what you 'must' do:

Il faut faire un apprentissage.

You must/You need to do an apprenticeship.

108 cent-huit

Moi et mon avenir 5.5

Lire

5 Lis le texte. Vrai ou faux?

J'ai 16 ans et j'habite au Québec. **Moi, je suis passionnée par la construction depuis l'enfance**. J'adore les bâtiments et l'architecture. J'aime les sciences physiques et chimiques, la technologie et le dessin, et ma matière préférée au collège, ce sont les maths.

Ce que je veux faire à l'avenir, c'est travailler dans le secteur de la construction. Je voudrais être architecte ou ingénieure. Donc, **je vais aller à l'université où je vais étudier l'architecture ou l'ingénierie**. Il faut aussi étudier à l'étranger pendant un an, donc il faut parler d'autres langues.

Mais tout d'abord, **j'ai l'intention de faire un stage pendant les vacances**, pour acquérir de l'expérience. Je vais travailler dur bien sûr, et en équipe. Penser à l'avenir, c'est passionnant!

Léa

a Léa has been interested in construction since she was 16.
b She wants to study maths at university.
c She would like a job in the construction industry.
d She needs to speak other languages.
e She's not afraid of hard work.
f She's nervous about her future.

les bâtiments	buildings
l'ingénierie	engineering
pendant une année	for a year
un stage	a work placement
pendant les vacances	during the holidays
acquérir de l'expérience	to gain experience

Corrige les phrases qui sont fausses.

Labolangue

ou and *où*

Although they look almost identical, these two words have different meanings.

ou – or   *où* – where

Ou and *où* are **homophones**. They sound the same.

Traduire

6 Traduis les phrases *en gras* dans le texte (activité 5).

Francophonie

Quebec is a French-speaking province in Canada. Its name comes from the Algonquin word *kébec*, meaning 'place where the river narrows'. The modern-day descendants of the Algonquin are fighting for recognition of their status as an indigenous (native) people.

The Construction Commission of Quebec (*la Commission de la construction du Québec*) in Canada has launched a campaign (*La mixité en chantier*) to encourage more women to take up careers in the construction industry.

cent-neuf 109

5 C'est clair!

Focus on:
- extending and adding interest to written work

🎧 Écouter

1 Écoute et lis.

Voici Marie-France Roy, snowboardeuse talentueuse qui habite au Québec et fait du snowboard depuis l'âge de 11 ans. Elle a beaucoup de médailles, mais maintenant elle préfère faire des films – avec son snowboard, bien sûr!

le Québec

Voici Aya Nakamura. C'est une compositrice et chanteuse franco-malienne qui chante en français et en bambara. Le bambara est une des langues nationales du Mali.

le Mali

C'est Wendie Renard. Française, née en Martinique, Wendie est footballeuse professionnelle et capitaine de l'équipe de France.

la Martinique

le Sénégal

C'est Mati Diop. C'est une réalisatrice franco-sénégalaise et, en 2019, elle est la première femme noire dans la sélection officielle du festival de Cannes où son premier film, *Atlantique*, gagne le Grand Prix.

réalisateur/réalisatrice	*film-maker, film director*
premier/première	*first*

📖 Lire

2 Son modèle, c'est qui? Lis et choisis la bonne personne (activité 1).

a J'adore faire du sport et surtout jouer au foot – c'est ma passion depuis l'enfance! À l'avenir, je veux jouer dans une équipe nationale, comme elle. Mon modèle, c'est…

b Mon truc, c'est la musique. Moi aussi, je voudrais chanter. Pour faire ça, il faut travailler très dur. Le modèle qui m'inspire, c'est…

c À l'avenir, j'ai l'intention d'être sportive professionnelle parce que j'adore la montagne et que je veux être active. Mon modèle, c'est une personne très active et dynamique. C'est…

d Moi, j'aime le théâtre depuis l'âge de 10 ans mais faire des vidéos, c'est mon truc! Je veux être travailleuse et talentueuse, comme elle. Mon modèle, c'est…

🌐 Francophonie

Cannes film festival

The Cannes film festival (*le festival de Cannes*) is an annual film festival, usually held in May. Cannes is situated on the French Riviera, in the south of France. The most prestigious award, for best film, is the *Palme d'Or* (Golden Palm). During the festival, the *Cinéma de la Plage* (Beach Cinema) holds free open-air screenings for the general public.

FESPACO film festival

Mati Diop's film *Atlantique* was also shown at the 2021 opening of FESPACO, the main African film festival. The festival is held every two years in Ouagadougou, the capital of Burkina Faso.

Traduis les textes (activité 2) en anglais.

Moi et mon avenir 5

🔑 Thinking about writing: Extending and adding interest to your writing

As you become more experienced and confident in your language learning, you can be more adventurous in your written work. Using a wider range of vocabulary, grammatical structures and longer sentences will help you to write about a variety of topics, express yourself more easily and raise the level of your work.

Think about:
- using **conjunctions** to combine short phrases into longer sentences, and to give opinions and reasons
- including **adjectives** and **comparatives**, **quantifiers** and **adverbs of frequency** to add interest
- using **negative constructions**, **modal verbs** to talk about **the future**, and *depuis* + **present tense** to talk about **the past**, to improve the level of your language.

3 Look at activity 7 and answer these questions. Discuss your answers with a partner.

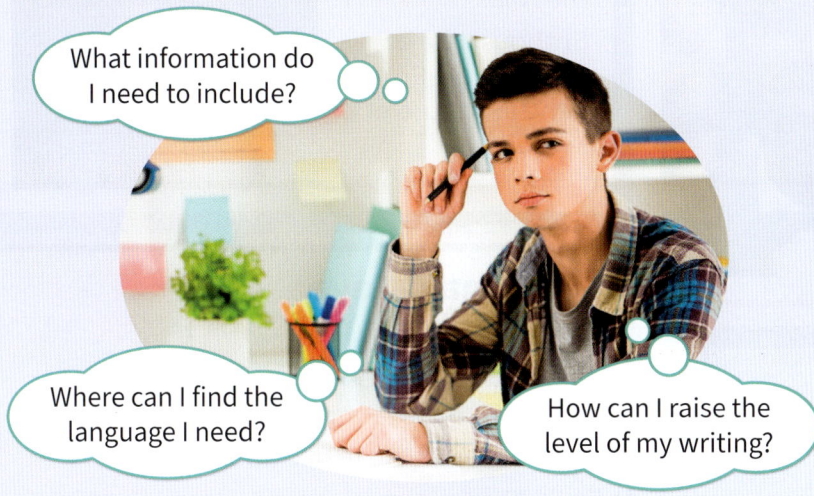

- What information do I need to include?
- Where can I find the language I need?
- How can I raise the level of my writing?

4 Look at activities 1 and 2 and find *three* examples of:
- words to join phrases to make longer sentences (conjunctions)
- words to make a text more interesting (adjectives)
- structures to raise the level of a piece of writing (different tenses, modal verbs).

5 Look at the five prompts in activity 7. Plan your writing by noting down the words and structures that you think would be useful to answer each prompt. Use the texts in activities 1 and 2 to help you.

Example:
- Write about your passions and how long you have had them: *Depuis… Ma passion/mon truc, c'est…*

6 Check your notes from activity 5. Is there anything missing? Is there anything you need to do differently? When you feel ready, move on to activity 7.

7 Écris un paragraphe sur ton avenir.
- Write about your passions and how long you have had them.
- Mention who/what you want to work with in the future.
- Say what job you would like to do.
- Explain what you need to do for that to happen.
- Write what you are going to do.

8 When you have finished writing your text, check it through and think about these questions.
- Have I answered all the prompts?
- How did I do?
- What went well and what didn't go so well?
- Will I do something differently next time?

cent-onze 111

5 Francophonie

Les modèles francophones

1 Listen and read.

Omar Sy
Métier: acteur

À 17 ans, Omar Sy travaille à la radio.

Ensuite, il fait des sketches à la télé avec Fred Testot. C'est le duo comique, Omar et Fred.

En 2006, Omar joue dans trois films.

En 2011, Omar joue dans le film *Intouchables* et il gagne le César du meilleur acteur.

Omar Sy, c'est aussi la grande star de la série *Lupin*.

Gentil et travailleur, il aime la comédie et sa famille.

Emma Mackey
Métier: actrice

Emma est bilingue (français/anglais). Après le lycée, elle va à l'université de Leeds.

En 2021, elle joue dans le film *Eiffel*. Ensuite, elle joue dans le film policier *Death on the Nile*.

Enthousiaste et dynamique, Emma aime la lecture et le théâtre.

Sami Outalbali
Métier: acteur

En 2016, dans la série *Les Grands*, Sami joue le rôle d'un élève qui découvre son homosexualité.

Sami est un grand fan de mode. Intelligent et sportif, il aime le football, la capoeira et la natation.

Mariama Gueye
Métier: actrice

En 2011, Mariama Gueye décroche un rôle important dans la série *La smala s'en mêle*. Elle joue le rôle de la fille adoptive.

En 2022, elle joue le rôle d'Aïssatou dans la série *Drôle*.

Drôle parle du stand-up dans un 'comedy club' (café-théâtre) à Paris.

Créative et courageuse, Mariama adore la musique.

décrocher	to get (a role in a film)

Moi et mon avenir 5

2 Answer the questions in English.
  a How old was Omar Sy when he was working in radio?
  b For what film did Omar win the best actor *César*?
  c Which **two** languages does Emma Mackey speak?
  d What are Emma's interests? Give **two** details.
  e What is Sami a big fan of?
  f Which **two** adjectives are used to describe Sami?
  g Which role does Mariama play in *La Smala s'en mêle*?
  h What does Mariama love?

3 Listen (1–4). Is their role model Sami (S), Mariama (M), Omar (O) or Emma (E)?

4 Listen again. Which *two* of these adjectives do you *not* hear?

Francophonie

The *César* awards are the national film awards in France, first awarded in 1976. They are called *César* after César Baldaccini, the sculptor who designed the statues that are awarded.

Cinema is considered *le septième art* (the seventh art) in France. The original six arts are: architecture, sculpture, painting, music, poetry, and theatre/dance. Cinema is the 'newest' art form, so therefore the seventh.

More recently, with the advent of streaming, French actors often star in English and American series.

actif/active
amusant(e)
calme
créatif/créative
courageux/courageuse
dynamique
enthousiaste
gentil(le)
intelligent(e)
patient(e)
sérieux/sérieuse
sportif/sportive
sympa
talentueux/talentueuse
tolérant(e)
travailleur/travailleuse

5 In pairs, discuss these questions in English.
- Why do people need role models?
- Why might each of the French actors be a good role model for someone you know?
- Do you think celebrities should feel they should be role models?
- Do you think films are considered as art in the UK?
- Do you watch films or TV series from different countries?

6 Imagine one of the actors in activity 1 is your role model. Write a short text explaining why. (Choose a different actor if you prefer.)

Mon modèle, c'est…

Il/Elle m'inspire car il/elle est…

En plus, il/elle aime… et…, c'est mon truc.

cent-treize 113

5 On récapitule

📖 Lire

1 Lis. Recopie et complète les phrases (a–e).

> Moi, c'est Alexis. Mon demi-frère est actif et dynamique. Ma petite sœur est sérieuse et travailleuse. Ma belle-mère est gentille et sociable. Mon père est créatif et intelligent. Mes grand-parents sont compréhensifs et tolérants.

Alexis says:
a My grandparents are … and …
b My little sister is … and …
c My dad is … and …
d My half-brother is … and …
e My stepmum is … and …

✓ 10

2 Lis et réponds aux questions en anglais.

> J'ai un meilleur ami et son nom, c'est Louis. Ce que j'aime chez Louis, c'est qu'il est sportif. Il aime le foot mais moi, j'adore le basket. Louis aime aussi le dessin. Il est plus créatif que moi. Moi, à l'avenir, je voudrais être vétérinaire parce que j'aime beaucoup les animaux. Louis veut être professeur d'EPS.
> **Henri**

a Who is Louis?
b What does Henri love doing?
c Apart from sport, what else does Louis like doing?
d What is Henri's ambition for the future?
e What is Louis's ambition?

✓ 5

3 Lis le texte encore une fois. Qui dit quoi: Louis ou Henri?

a J'adore le foot.
b Le dessin, c'est ma passion.
c J'adore les chiens et les chats.
d Je suis moins créatif que mon ami.
e Je veux travailler dans une école.

✓ 5

Max. ✓ 20 points

🎧 Écouter

4 Écoute Bruno. Choisis les *cinq* qualités importantes d'un entraineur de tennis, selon Bruno.

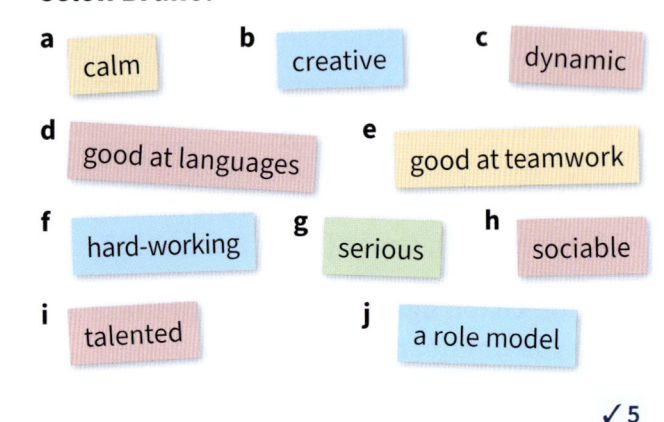

a calm
b creative
c dynamic
d good at languages
e good at teamwork
f hard-working
g serious
h sociable
i talented
j a role model

✓ 5

5 Écoute encore une fois. Vrai ou faux?

a Bruno est entraineur de tennis.
b Le dynamisme est une qualité importante pour Bruno.
c Pour être entraineur, il faut travailler en équipe.
d Il voudrait être joueur de tennis.
e Il veut inspirer les autres.

✓ 5

6 Écoute Céline et Marc. Recopie et complète le texte en français.

> Céline voudrait être **1** … Elle parle deux langues, le **2** … et l'**3** … Pour elle, les langues, c'est **4** … Sa mère est de nationalité **5** …
>
> À l'avenir, Marc voudrait être **6** … Il aime beaucoup **7** … Pour être prof, il faut aller à **8** … De caractère, il faut être **9** … Son modèle est son **10** …

✓ 10

Max. ✓ 20 points

114 cent-quatorze

Moi et mon avenir 5

Écrire

7 Mets les mots dans le bon ordre.

a patiente mère gentille Ma et est .

b mon c'est modèle grand-père Mon .

c il pas sympa Pourtant, toujours n'est .

d voudrais musique je de être prof À l'avenir, .

e j'aime meilleure Ce que ma chez amie, est compréhensive c'est qu'elle .

✓ 5

8 Et toi? Recopie et complète les réponses pour toi.

a Qui est ton/ta meilleur(e) ami(e)? C'est …
b Il/Elle est comment? Il/Elle est … et …
c Et toi, tu es comment? Moi, je suis … et …
d Un modèle est comment, pour toi? Pour moi, c'est quelqu'un …
e Tu veux faire quoi, comme boulot? Je veux être … parce que …

✓ 5

9 Traduis en français.

a I want to be a vet. I love animals.
b You have to be passionate about cats and dogs.
c I like my big brother. He inspires me.
d My little sister is not always nice.
e My best friend is more hard-working than me.

✓ 10

Max. ✓ 20 points

Tes résultats

How many points did you get? Ask your teacher for the answers.
Write down your score out of a total of 20 for Reading, Listening and Writing.
Find the right combination of Bronze, Silver and Gold activities for you on pages 116–117.

0–6 points
Well done! Do the Bronze activity in the next section.

7–12 points
Great! Do the Silver activity in the next section.

13–20 points
Fantastic! Do the Gold activity in the next section.

cent-quinze 115

5 En avant!

Bronze

1 Which job does each person want to do?

a. Moi, j'adore les enfants. Je veux être enseignant.

b. Je voudrais être vétérinaire. J'aime beaucoup les animaux.

c. Moi, je suis très sportive. Je vais être athlète.

d. Je veux être médecin. Je voudrais aider les autres.

e. J'aime travailler en équipe. Je voudrais être entraineuse de basket.

f. Pour moi, la planète, c'est très important. Je vais être écologiste.

2 Listen (1–5). How many people are there in each person's family?

1. Clara 2. Karim 3. Félix 4. Léa 5. Luc

3 Reorder the words to form sentences about a best friend.

a. Sara | meilleure | Ma | amie, | c'est .

b. chez | j'aime | qu'elle | Sara, | sympa | c'est | est | Ce que .

c. compréhensive | aussi | est | Elle .

d. toujours | elle | Pourtant, | pas | patiente | n'est .

e. je | impatiente | que | moins | Sara, | Moi, | suis .

Argent

4 Lis le mail et réponds aux questions.

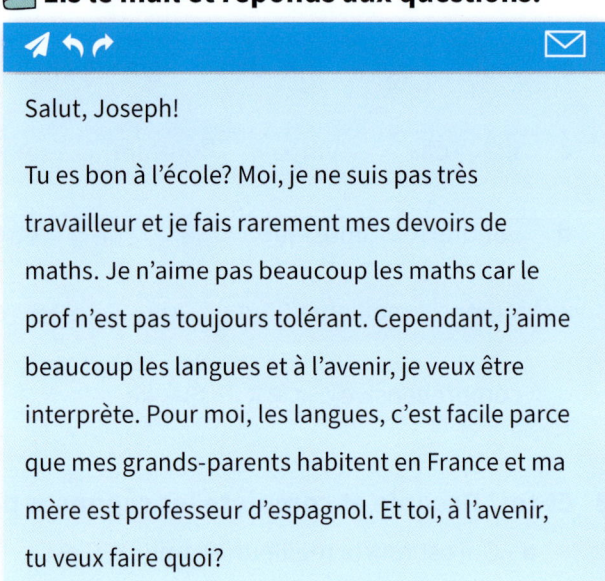

Salut, Joseph!

Tu es bon à l'école? Moi, je ne suis pas très travailleur et je fais rarement mes devoirs de maths. Je n'aime pas beaucoup les maths car le prof n'est pas toujours tolérant. Cependant, j'aime beaucoup les langues et à l'avenir, je veux être interprète. Pour moi, les langues, c'est facile parce que mes grands-parents habitent en France et ma mère est professeur d'espagnol. Et toi, à l'avenir, tu veux faire quoi?

Raoul

a. What does Raoul rarely do?
b. Why doesn't he like his maths teacher?
c. What job does he want to do in the future?
d. Give **two** reasons why he finds foreign languages easy to learn.

5 Écoute Sophie et Nathan. Vrai ou faux?

a. Nathan a un demi-frère et une demi-sœur.
b. Son frère n'est pas très travailleur.
c. Sa sœur voudrait être enseignante.
d. Nathan aime beaucoup la nature.
e. Sophie voudrait être vétérinaire.

6 Écris un paragraphe (40–60 mots) sur ton modèle. Mentionne:

- son nom et son caractère
- pourquoi il/elle est ton modèle
- ce que tu aimes chez ton modèle et pourquoi
- ce que tu n'aimes pas et pourquoi.

Moi et mon avenir 5

Or

7 📖 **Lis et réponds aux questions en anglais.**

Aurore

Pour être footballeuse professionnelle, il faut être passionnée par le sport. Il faut aussi faire un apprentissage dans un club et travailler dur. C'est difficile car il faut être déterminée, dynamique et énergique.

À l'avenir, je voudrais être footballeuse parce que j'adore le sport en équipe. Je joue souvent au foot avec mes copines mais elles ne sont pas toujours sérieuses. Elles trouvent ça amusant, c'est tout. Cependant, pour moi, c'est un sport qui m'inspire et je veux gagner! Je suis plus agressive que mes copains, parfois trop agressive.

a What type of training does she say is necessary to become a professional footballer?
b What are the personal qualities required? Give **three** details.
c Why has Aurore chosen that career?
d How do her friends see the game of football?
e In what ways is Aurore's attitude to the game different? Give **two** details.

8 🎧 **Écoute Georges et Nicole. Recopie et complète les textes.**

a Julie est … de Nicole. Son sport préféré, c'est … Elle aime le collège. Elle aime bavarder … À l'avenir, elle veut aller …

b Youssouf est … de Georges. Tous les deux aiment … Youssouf veut … à l'avenir. De nature, tous les deux sont …

9 ✏️ **Écris un paragraphe (80–100 mots). Mentionne:**

- toi (ton nom, ton truc, tes préférences, ton caractère, ton avenir)
- ta famille (tes frères et sœurs, tes parents)
- ton/ta meilleur(e) ami(e)
- ton modèle.

➕ En plus

- Make sure you cover every bullet point in your response.
- You are likely to use quite a few adjectives to describe people. Remember to use the correct agreement.
- Adding adverbs of frequency (*toujours*, *parfois*) and quantifiers (*très*, *assez*) may add interest to your writing.
- You could include opinions and reasons: *J'aime… parce que…*

cent-dix-sept 117

5 Vocabulaire

5.1 C'est quoi, un modèle?
What is a role model?

	C'est quelqu'un qui est…	It's someone who is…
	Il/Elle m'inspire parce qu'il/elle est…	He/She inspires me because he/she is…
	actif/active	active
	compréhensif/compréhensive	understanding
	courageux/courageuse	courageous, brave
	créatif/créative	creative
	dynamique	dynamic
	généreux/généreuse	generous
	gentil/gentille	kind
	intelligent(e)	intelligent
	patient(e)	patient
	sportif/sportive	sporty
	talentueux/talentueuse	talented
	tolérant(e)	tolerant
	travailleur/travailleuse	hard-working
ma	mère	mum
ma	belle-mère	stepmum
ma	grande/petite sœur	older/younger sister
ma	demi-sœur	half/step-sister
ma	grand-mère	grandma
mon	père	dad
mon	beau-père	stepdad
mon	grand-père	grandad
mon	grand/petit frère	older/younger brother
mon	demi-frère	half/step-brother

5.2 Mes amis et moi
My friends and me

sociable	sociable
sympa	kind
sérieux/sérieuse	serious
paresseux/paresseuse	lazy
calme	calm
timide	shy
impatient(e)	impatient
Je suis plus/moins … que …	I am more/less … than …
Je voudrais être plus/moins…	I would like to be more/less…
Je vais…	I'm going to…

5.3 C'est quoi, un bon ami?
What is a good friend?

toujours	always
parfois	sometimes
souvent	often
quelquefois	sometimes
de temps en temps	occasionally
rarement	rarely
jamais	never
Je ne suis pas…	I am not…
Je ne suis jamais…	I am never…
Ce que j'aime chez …, c'est qu'il/elle ne juge pas ses amis.	What I like about … is that he/she doesn't judge his/her friends.

5.4 Mon boulot, ma passion!
My job, my passion!

	C'est quoi ton truc/ta passion?	What's your thing/passion?
	Mon truc/Ma passion, c'est…	My thing/passion is…
les	langues	languages
les	sciences	sciences
le	dessin	drawing
le	sport	sport
la	mode	fashion
la	musique	music
la	planète	the planet
la	technologie	technology
	Tu veux faire quoi, comme boulot/métier?	What do you want to work as?
	Je veux être…	I want to be…
	écologiste	ecologist
	enseignant(e)	teacher
	entraineur/entraineuse	sports coach
	graphiste	graphic designer
	interprète	interpreter
	médecin	doctor
	styliste	fashion designer
	vétérinaire	vet
	À l'avenir, je veux…	In the future, I want…
	J'ai l'intention de…	I intend to…
	travailler avec des animaux/enfants	to work with animals/children
	travailler sur un ordinateur	to work on a computer
	travailler en équipe	to work in a team
	aider les autres/la planète	to help others/the planet
	utiliser mes langues	to use my languages
	créer des vêtements	to design clothes
	depuis l'enfance	since childhood
	depuis l'âge de 10 ans	since the age of 10
	depuis trois ans	for three years

5.5 Qualités personnelles, qualités professionnelles
Personal skills, professional skills

Je veux être…	I want to be…
Pour faire ça, il faut…	To do that, it is necessary to/you must…
être très sociable/travailleur	be very sociable/hard-working
être passionné par…	be passionate about…
choisir un apprentissage	choose an apprenticeship
faire un stage	do a work placement
faire du bénévolat	volunteer
travailler dur	work hard
habiter/voyager/travailler à l'étranger	live/travel/work abroad
aller à l'université	go to university
parler plusieurs langues	speak several languages
aimer le contact avec les autres	like contact with others

Use your dictionary: false friends

Words which look or sound like words in another language but have a different meaning are called false friends.

To avoid being caught out:

▶ learn some common 'false friends'

▶ always check that the meaning you have guessed fits the context

▶ check in the dictionary if you're not sure.

Examples of false friends include *journée*, *joli* and *coin*.

Use your dictionary if you are not sure of the meaning of a word.

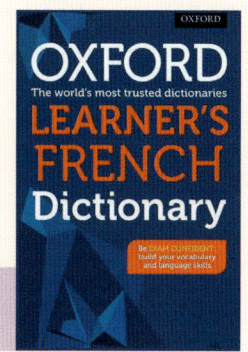

cent-dix-neuf 119

6 Le monde francophone
On y va!

1 Read about where these young people come from and what languages they speak. Match the texts and the images.

antillais(e)	West Indian

1 Moi, c'est Nezir. Je suis belge. Je parle le français et le néerlandais, et je parle l'arabe avec ma famille.

2 Moi, c'est Asma. Je suis burkinabée. Je parle le moré et le français.

3 Je suis Marie. Je suis antillaise. J'adore la mer et l'océan! Je parle le français et le créole.

4 Moi, je suis Alphonsine. Je suis congolaise. Je parle le swahili et le français.

5 Mon nom, c'est Idrissa. Je suis sénégalais. Je parle le wolof et le français.

a Ne y windiga! — le Burkina Faso

b Salaam aleekum! — le Sénégal

c Hoi! — la Belgique

d Ka ou fè? — la Guadeloupe

e Habari gani! — République démocratique du Congo

2 Copy and complete the table in English for each person in activity 1.

	Country	Nationality	Languages spoken
1			
2			
3			
4			

Francophonie
There is a growing movement across the African continent to adopt Swahili, which is spoken by many, as a common language (or 'lingua franca') instead of French and English. Why do you think people might look more favourably on Swahili than French or English?

120 cent-vingt

Le monde francophone 6

3 Match the typical foods and dishes from French-speaking countries with the correct description.

1. la poutine
2. la baguette
3. le couscous
4. le foufou

a C'est un **pain** typique de la France. Il y a différents types de pain en France.

b Ce sont des **frites** avec du **fromage** et de la **sauce brune**. C'est typiquement québécois.

c C'est un plat d'Afrique du Nord. On fait ça avec de la **semoule** de **blé** dur.

d C'est une **pâte** qu'on mange avec de la **viande** et de la sauce. C'est un plat traditionnel d'Afrique de l'Ouest.

4 Can you work out the meaning of the food items in bold in activity 3?

5 Put the English summaries (a–e) in the order in which the information appears in the article.

a The baguette arrived in other countries with French colonists.

b Baguettes are made with flour, water, yeast and salt.

c There are no eggs in baguettes.

d There are new types of bread made with regional grains such as sorghum, maize or yams.

e Baguettes are eaten in many countries in Africa.

La baguette iconique!

La baguette est fabriquée avec de la farine, de l'eau, de la levure et du sel. On n'utilise pas d'œuf.
La baguette est consommée dans différents pays sur le continent africain: le Maroc, la Tunisie, l'Algérie, le Sénégal et le Bénin, par exemple. Elle est aussi consommée au Vietnam, au Cambodge et au Canada. La baguette existe dans ces régions depuis l'arrivée des colons français.
Il existe une « nouvelle génération » de pain dans des pays africains: le *pain doolé*. C'est une baguette qui est faite avec des graines de la région: du sorgho, du maïs, ou des ignames.

6 Research an item of typical food or drink from a French-speaking country. Create a short fact file in English. Include pictures and some interesting details.

- Where is it originally from?
- Where is it popular today?
- What ingredients does it include?
- When do people eat/drink it?
- Can you find any interesting or unusual facts about it?

Francophonie

According to French law, baguettes can only contain four ingredients and must be made in the venue where they are sold.

People often buy fresh bread every day from their local baker, but today you can even buy bread in France 24/7, from vending machines!

6.1 Mon pays, ma langue

Focus on:
- prepositions with countries and towns
- talking about nationalities, where you live and the languages you speak

Écouter

1 Écoute et lis.

1 @jaimelamode

Je suis Yousra. J'habite à Rabat au Maroc. Je suis marocaine. Je parle arabe, français, kabyle et anglais. Mon truc, c'est la mode – j'adore ça. Je suis sociable et créative, et à l'avenir, je voudrais créer des vêtements.

2 @jesuismartiniquais

Bonjour les amis!

Mon nom, c'est Jimmy. J'habite à Saint-Pierre en Martinique. Je parle français et créole et ma passion, c'est les sciences. Je veux être écologiste parce que je veux aider notre planète. Je suis quelqu'un qui est travailleur et tolérant.

3 @asmaaaaaa

Salut tout le monde!

Moi, c'est Asma. J'habite à Ouagadougou au Burkina Faso. Je parle le moré et le français et ma passion, c'est les langues. Je veux être interprète car je voudrais travailler à l'ONU, l'Organisation des Nations Unies. Moi, je suis travailleuse et courageuse.

4 @Jesuisquebecois

Je suis Thomas et j'habite à Montréal au Canada. Je suis québécois et je parle français et anglais. J'adore Montréal et, vu que je suis très sympa, très sociable, très tolérant et très compréhensif, je voudrais être guide touristique à l'avenir.

Lire

2 Lis le texte encore une fois et réponds aux questions.

Who…?

a speaks Creole
b loves languages
c wants to design clothes
d wants to be an interpreter
e wants to be a tour guide
f lives in Montreal
g speaks Arabic
h lives in Martinique

Labolangue

Languages

When you say what language you speak, you can choose whether or not to use the definite article:

*On parle français. / On parle **le** français.* We speak French.

*Tu parles arabe? / Tu parles **l'**arabe?* Do you speak Arabic?

Francophonie

Guadeloupean French-based Creole is spoken on the island of Guadeloupe. It is called *patois* or *patwa*.

Le monde francophone 6.1

🎧 Écouter

3 Écoute (1–3) et choisis la bonne réponse.

	Nom	Pays	Nationalité: il/elle est…	Langues parlées	
1	a Fatoumata	a le Mali	a congolaise	a le bambara	b le français
	b Oumou	b la Guinée	b malienne	c le moré	d le luxembourgeois
2	a Gabriel	a le Luxembourg	a belge	a le wolof	b l'allemand
	b Robin	b la Belgique	b luxembourgeois	c le français	d le néerlandais
3	a Keziah	a la Suisse	a italienne	a le français	b l'italien
	b Mia	b le Sénégal	b suisse	c l'arabe	d le swahili

⭐ Grammaire

4 Recopie et complète les phrases.

a J'habite … Belgique. (f)
b Il habite … Canada. (m)
c Tu habites … Luxembourg? (m)
d Elle habite … République démocratique du Congo. (f)
e Nous habitons … Suisse. (f)
f Vous habitez … Burkina Faso? (m)

💬 Parler

5 À deux, faites des dialogues. Utilise tes réponses de l'activité 3.

C'est quoi ton nom?
> Moi, c'est…

Tu habites où?
> J'habite à… en/au/aux…

Tu es de quelle nationalité?
> Je suis…

Tu parles quoi comme langues?
> Je parle … et …

⭐ Grammaire WB p. 63
Prepositions with countries and towns

The preposition depends on the gender of the country name:

masculine	feminine	plural
au (à + le)	**en**	**aux** (à + les)
au Burkina Faso	**en** Belgique	**aux** Antilles

For towns, use *à*:

*J'habite **à** Paris. Il habite **à** Toronto.*

💡 Rappel

Nationalities

With adjectives of nationality, make sure the ending agrees with the person the adjective is describing.
*Je suis malien/malien**ne**. Je suis britannique.*

🎤 Phonétique: *en* and *an*

This is a nasal sound. Make the sound 'ah' and feed it through your nose!

en France français anglais

✏️ Écrire

6 Choisis une personne de l'activité 3 et présente-toi! Utilise tes réponses et le vocabulaire de l'activité 1.

cent-vingt-trois 123

6.2 Bon appétit!

Focus on:
- the verb *prendre* (to take)
- revisiting the partitive article (*du/de la/de l'/des*)
- breakfast in different francophone countries

Écouter

1 Écoute et répète.

a des céréales
b de la confiture
c des fruits
d du fromage
e du lait
f des tartines
g du jambon
h des œufs
i du pain
j du café
k du thé
l du gruau

2 Écoute (1–4) et écris les bonnes lettres (activité 1).

Grammaire

3 Mets dans le bon ordre, puis traduis en anglais.

a suov zeprne
b ej sprdne
c li repdn
d no dnerp
e ut sdrepn
f unso rnesopn

Francophonie

In Belgium and Quebec, breakfast is called *le déjeuner*. This word literally means 'break fast' since *le jeûn* is the word for fasting.

In France and Switzerland, breakfast is *le petit-déjeuner*, often shortened to *le petit-déj*.

Rappel

The partitive article

	masculine	feminine	beginning with a vowel or silent 'h'	plural
definite article (the)	le	la	l'	les
partitive article (some)	du	de la	de l'	des

124 cent-vingt-quatre

Le monde francophone — **6.2**

💬 Parler

4 Fais un sondage. Pose la question à *dix* personnes. Indique les résultats dans une grille.

> Qu'est-ce que tu prends au petit-déjeuner?

> Je prends… et aussi… et quelquefois…

Miam-miam!	😋 *Yummy!*	vers	*at about*
Beurk! / Berk!	😝 *Yuck!*	du sirop d'érable	*maple syrup*
avec	*with*		

⭐ Grammaire WB p. 65
The verb *prendre* (to take)

je prends	*I take*
tu prends	*you take*
il/elle/on prend	*he/she/one takes*
nous prenons	*we take*
vous prenez	*you take*
ils/elles prennent	*they take*

📖 Lire

5 Lis les textes. Choisis les bonnes lettres de l'activité 1.

Mon nom, c'est Alphonsine. J'habite à Liège et je suis belge. Le matin, je prends le déjeuner vers sept heures. Je prends du pain avec du fromage et des œufs. Quelquefois, je prends aussi des fruits.

Moi, c'est Amira. J'habite à Moutier et je suis suisse. Au petit-déjeuner, je prends des céréales et des fruits et, normalement, on prend du thé. On prend le p'tit-déj vers sept heures trente.

Salut, je suis Nezir. Je suis français et j'habite à Marseille. Je prends le petit-déjeuner à sept heures du matin. Je prends des tartines avec de la confiture et du café.

Moi, c'est Ricardo. J'habite dans la ville de Québec et je suis canadien. Je parle français et anglais. Pour le déjeuner, je prends du gruau avec du lait, souvent avec du sirop d'érable, et je prends aussi du thé.

6 Trouve les phrases dans le texte.
a I have breakfast at seven o'clock in the morning.
b For breakfast, I have cereal and fruit.
c Sometimes, I also have fruit.
d Normally we have tea.
e We have breakfast at about 7.30.

🌐 Francophonie
What do French speakers call their meals?

	France, Africa	Canada, Belgium, Switzerland
breakfast	le petit-déjeuner	le déjeuner
lunch	le déjeuner	le dîner
dinner or supper	le dîner	le souper

✂ Traduire

7 Traduis en français.

> Normally, I have coffee for breakfast. I have cereal with fruit and sometimes we have ham and eggs. Yummy! I love that! We have breakfast at about eight o'clock.

cent-vingt-cinq 125

6.3 J'ai faim!

Focus on:
- expressions with *avoir*
- revisiting the near future tense and *je voudrais*
- talking about classic dishes across the francophone world

📖 Lire

1 Relie les mots français et anglais.

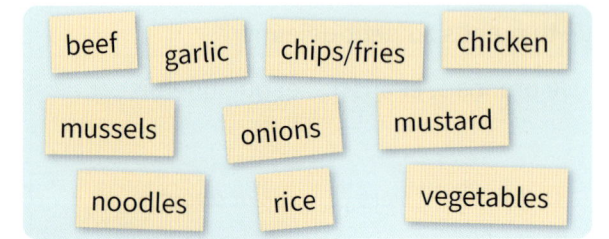

les frites	les nouilles	l'ail	le riz
les ognons	le bœuf	les moules
les légumes	la moutarde	le poulet

beef	garlic	chips/fries	chicken
mussels	onions	mustard
noodles	rice	vegetables

🎧 Écouter

2 Écoute et vérifie.

📖 Lire

fondu(e)	melted
frit(e)(s)	fried
le/la meilleur(e)	the best

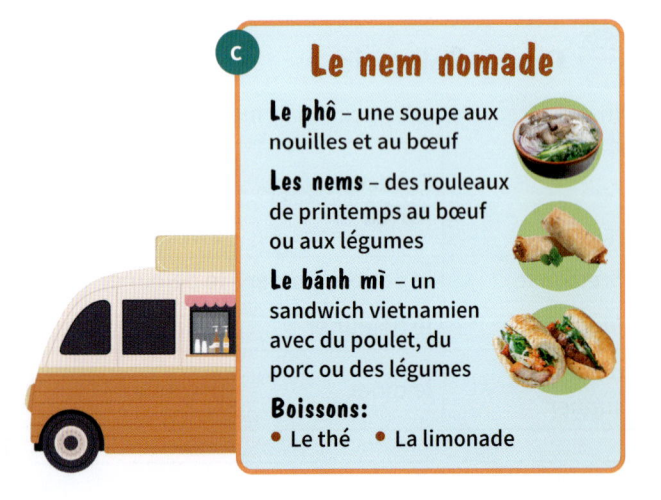

3 Lis les textes. Pour chaque repas, écris les ingrédients en anglais.

a) Afro Saveurs classiques

Le poulet braisé sauce yassa avec du riz

La sauce yassa est faite avec de l'ail, des ognons et de la moutarde.

L'alloco – des bananes plantain frites

b) La poutine, le meilleur plat québécois!

La poutine régulière (des frites avec de la sauce brune et du fromage fondu)

La poutine avec du poulet

La poutine avec un hotdog

c) Le nem nomade

Le phô – une soupe aux nouilles et au bœuf

Les nems – des rouleaux de printemps au bœuf ou aux légumes

Le bánh mì – un sandwich vietnamien avec du poulet, du porc ou des légumes

Boissons:
- Le thé
- La limonade

d) Le camion belge

Moules-frites – des moules dans une sauce à l'ail et à la crème avec des frites

Boissons:
- Le coca
- L'eau minérale

126　cent-vingt-six

Le monde francophone — 6.3

🎧 Écouter

4 Écoute (1–6). Choisis le bon camion (a–d).

5 Écoute encore une fois. Qu'est-ce qu'ils prennent? Écris les réponses en anglais.

6 Écoute et lis le dialogue. Recopie et complète les phrases (a–c) en anglais.

   a Touria is going to have … She loves …
   b Caro is going to have …
   c Paul is going to have … and to drink, he would like …

Qu'est-ce que tu vas prendre, Touria?

> J'ai faim, je vais prendre la poutine régulière. J'adore les frites et ça a l'air délicieux. Miam-miam!

Tu as raison, Touria, les frites sont délicieuses! Et toi, Caro, qu'est-ce que tu vas prendre?

> Moi, j'ai faim aussi, je vais prendre le poulet yassa. Ça a l'air trop bon.

Et toi, Paul, qu'est-ce que tu vas prendre?

> Moi, je vais prendre les nems au bœuf. J'aime ça. Et j'ai soif, alors comme boisson, je voudrais une limonade.

⚙️ Labolangue
Recycling familiar language

Think about how to recycle the language you are learning.

To say you are **going to** have something, use the near future tense with *prendre*:

Je vais prendre le bánh mì. I am going to have/take the bánh mì.

You can also use *je voudrais* or *je prends* to say what you're going to have:

Je voudrais des moules-frites. I would like mussels and chips.
Je prends l'alloco. I'm having the alloco.

⭐ Grammaire WB p. 67
Expressions with *avoir*

In French, *avoir* (to have) is used with some expressions where 'to have' would not be used in English:

avoir faim/soif	to be hungry/thirsty
avoir raison	to be right
avoir l'air (+ adjective)	to look
avoir … ans	to be … years old

J'ai faim. I am hungry.
Tu as soif? Are you thirsty?
Tu as raison! You're right!
Ça a l'air délicieux. That looks delicious.

⭐ Grammaire

7 Trouve les phrases dans le dialogue (activité 6).
   a You're right, Touria
   b I'm hungry too
   c That looks so good
   d And I'm thirsty

🔀 Traduire

8 Traduis en français.
   a I am hungry. I am going to have some chips.
   b Are you hungry? What are you having?
   c Are you thirsty? I am thirsty. I would like a lemonade.
   d I am going to have chicken. It looks delicious.

💬 Parler

9 À trois, faites des dialogues. Utilisez les plats (activité 3) et le dialogue (activité 6).

✏️ Écrire

10 Tu es devant les camions resto avec tes copains. Écris un dialogue.

🎤 Phonétique: *gn*

gn is pronounced like the 'ni' in the English word 'o**ni**on'.

o**gn**ons   Allema**gn**e   Espa**gn**e

cent-vingt-sept 127

6.4 On fait la fête!

Focus on:
- reflexive verbs
- revisiting *on*
- talking about festivals in the francophone world

🎧 Écouter

1 Écoute et lis les textes.

avoir lieu	to take place
pendant l'été	during the summer
valoriser	to appreciate/recognise

Les Tams-tams du mont Royal à Montréal

Le festival des Tams-tams a lieu tous les dimanches pendant l'été. On se retrouve dans le parc et des percussionnistes jouent du tam-tam. On danse. On s'amuse. On se parle. On joue aux boules. On regarde les jongleurs et les acrobates. Il y a aussi un petit marché artisanal.

On mange des bonnes choses car il y a des camions-restos avec des sandwichs et des boissons. C'est super!

Canada

Maroc

Le festival Gnaoua

Le festival Gnaoua a lieu au Maroc tous les ans au mois de juin.

Le festival valorise la culture du Gnaoua. Il y a une super parade d'ouverture.

J'adore le festival Gnaoua, c'est mon festival préféré. Il attire des fans du monde entier. On se parle. On écoute de la musique. On danse, on chante, on s'éclate! On voit la diversité, la mixité, beaucoup de musiciens. C'est top. C'est beau. Pour moi, c'est magique.

📖 Lire

2 Lis les textes encore une fois. Lis les phrases (a–j) et écris G (Gnaoua), TT (Tams-tams) ou G/TT (les deux).

  a People play *boules*.
  b There is an opening parade.
  c People dance.
  d Drummers meet.
  e It takes place every Sunday.
  f It shines a spotlight on one of Morocco's cultural traditions.
  g There are jugglers and acrobats.
  h There are a lot of musicians.
  i There are food trucks.
  j Everyone has fun.

⭐ Grammaire WB p. 69
Reflexive verbs

Reflexive verbs in French include a reflexive pronoun as well as a subject pronoun. These verbs can be very useful, especially when used in the *on* form. Remember, *on* can also mean 'we'.

s'amuser (*to have fun/to enjoy oneself*)	
je m'amuse	*I enjoy myself*
tu t'amuses	*you enjoy yourself*
il/elle/on s'amuse	*he/she/one enjoys himself/herself/oneself*

Here are some other reflexive verbs you have met:

s'éclater	to have fun (informal)
se parler	to talk to each other
se retrouver	to meet

128 cent-vingt-huit

Le monde francophone — 6.4

⭐ Grammaire

3 Note les exemples de verbes pronominaux (*reflexive verbs*) dans les textes (activité 1).

4 Mets les mots dans le bon ordre. Puis traduis en anglais.

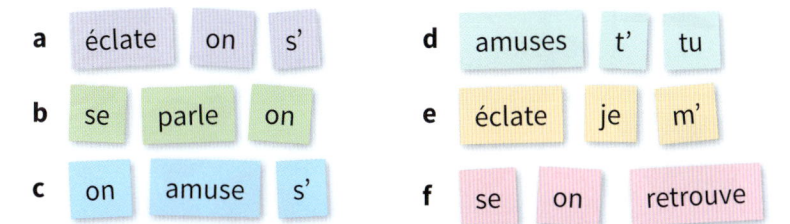

a. éclate / on / s'
b. se / parle / on
c. on / amuse / s'
d. amuses / t' / tu
e. éclate / je / m'
f. se / on / retrouve

🎧 Écouter

5 Écoute. Recopie et complète la fiche en anglais.

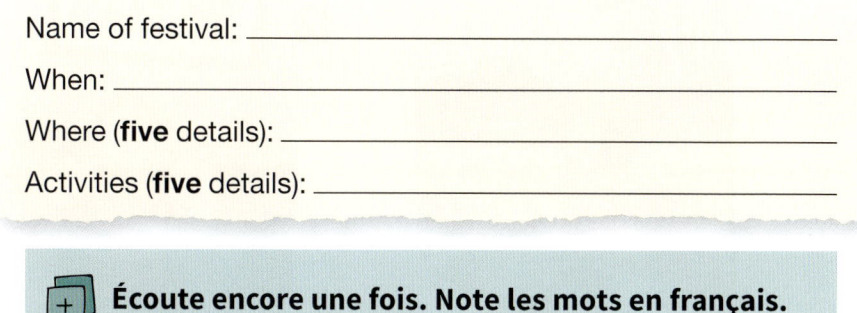

- Name of festival: _____
- When: _____
- Where (**five** details): _____
- Activities (**five** details): _____

Écoute encore une fois. Note les mots en français.

a. towns
b. villages
c. squares
d. streets

🎤 Phonétique: *e muet* (silent 'e')

-e at the end of a word is not pronounced, but you **do** pronounce the consonant before it.

fê**t**e   magi**q**ue   lon**g**ue
on chan**t**e   on s'écla**t**e

🌐 Francophonie

The *Fête de la Musique* first took place in France in 1982. It has become a great success around the world, as a way to celebrate the summer solstice (the longest summer day) and the act of making music. All events are free! The name of the event is a play on words. *Fête de la Musique* means a celebration of music, but you also hear *Faites de la musique!* (Make music!).

💬 Parler

6 À deux, faites des dialogues. Parlez de ces festivals.

- C'est quand, …?
- Ça a lieu où exactement?
- C'est quoi exactement, …?
- Qu'est-ce qu'on fait au festival?

Festival Écrans Noirs
Tous les ans au mois de novembre à Yaoundé au Cameroun

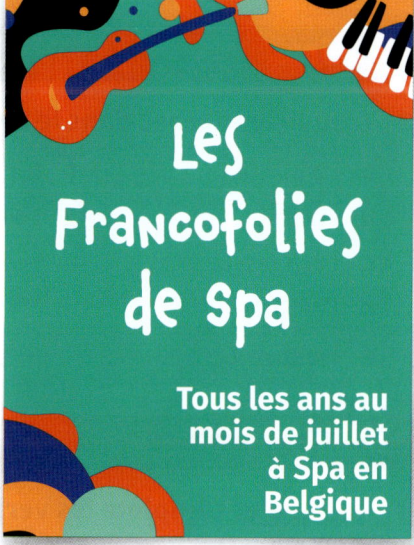

Les Francofolies de Spa
Tous les ans au mois de juillet à Spa en Belgique

✏️ Écrire

7 Choisis un festival (activité 6). Écris une description. Utilise des phrases de l'activité 1.

cent-vingt-neuf 129

6.5 Et à l'avenir?

Focus on:
- the future tense
- talking about what you will do in the future

Lire

1 Lis et choisis la bonne photo (a–d) pour chaque personne.

À l'avenir, tu partiras?

Yasmine
À l'avenir, je quitterai la France et je jouerai au basket aux États-Unis.

Karan
À l'avenir, je resterai près de ma famille et je travaillerai dans notre restaurant.

Djoëlle
Plus tard, je voyagerai et je mangerai des bonnes choses. Je visiterai beaucoup de pays différents.

Charlie
À l'avenir, je ne quitterai pas ma famille. Et je ne regretterai rien!

Écouter

2 Écoute et vérifie.

Lire

3 Trouve les verbes dans le texte (activité 1).

- a   I will work
- b   I will stay
- c   I will travel
- d   I will eat
- e   I will visit
- f   I will not leave
- g   I will play
- h   I will regret nothing/I won't regret anything

Grammaire

4 Recopie et complète les verbes au futur.

- a   je manger ___
- b   il voyager ___
- c   nous jouer ___
- d   tu visiter ___
- e   vous partir ___
- f   elles rester ___

⭐ Grammaire WB p. 71
The future tense

Use the future tense to say you **will** (or won't) do something in the future. Many verbs are regular in the future tense.

The endings for the future tense are very similar to the present tense of *avoir*. Can you see the similarity?

For regular *-er* verbs, add the future tense endings to the *-er* infinitive.

je travailler**ai**	I will work
tu travailler**as**	you will work
il/elle/on travailler**a**	he/she/one will work
nous travailler**ons**	we will work
vous travailler**ez**	you will work
ils/elles travailler**ont**	they will work

130   cent-trente

Le monde francophone 6.5

Parler

5 À deux, faites des dialogues. A choisit une personne de l'activité 1. B dit le bon nom.

> À l'avenir, tu partiras?
>
> Non. Moi, je resterai à la maison et je travaillerai.
>
> Tu es Karan.
>
> Oui, je suis Karan!

Écouter

6 Écoute et lis.

> Non, non, non, non, non! Jamais!
> Je ne partirai pas. Je ne quitterai jamais mon pays!
> J'ai tout Paris, j'ai ce qu'il me faut…
> les parcs, les musées et le métro.
> Je suis bien ici, avec toute ma famille.
> Je kiffe Paris avec mes amis.
>
> Moi, par contre, je voyagerai.
> À l'âge de 18 ans, je partirai.
> Je quitterai ma famille. Et surtout je ne regretterai rien, rien du tout.
> J'écouterai de la musique, je mangerai au resto.
> Je ne regretterai pas une seconde le métro.
>
> Ça, c'est mon rêve… eh oui, eh oui…
> Oui, c'est mon rêve… ben oui, ben oui…

par contre	on the other hand
les musées	museums
mon rêve	my dream

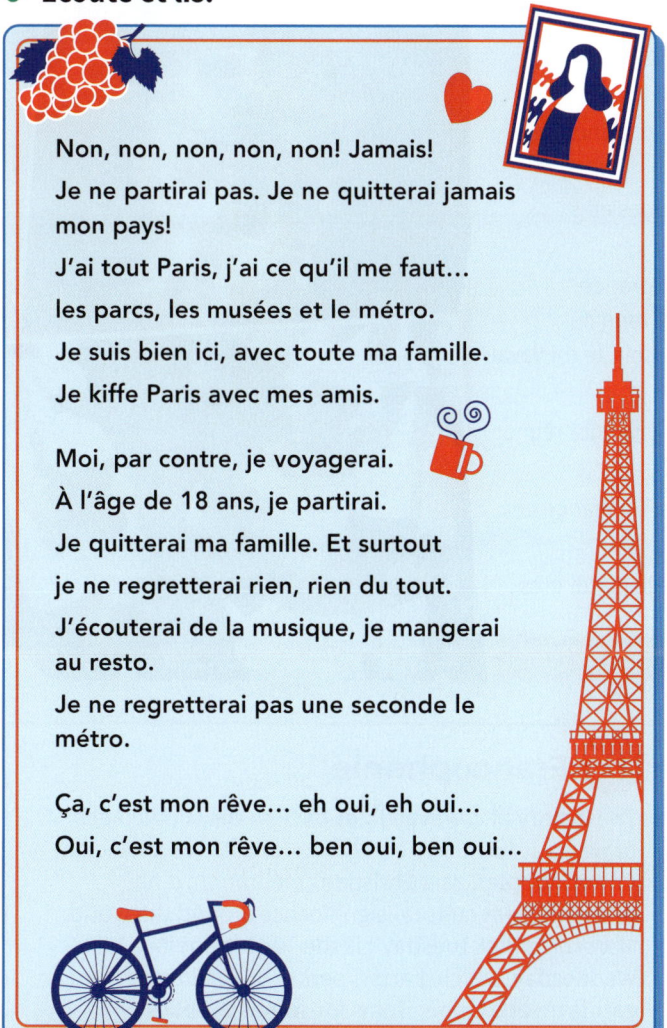

Lire

7 Trouve les phrases dans la chanson.
  a I will never leave my country.
  b I will listen to music
  c I won't regret anything.
  d I will leave my family.
  e I will eat in a restaurant.

8 Choisis les *quatre* bonnes phrases.
  a The man is happy living in Paris.
  b He would also like to live in the country.
  c He has friends in Paris.
  d The woman wants to travel.
  e She won't miss her family.
  f She couldn't live without the underground.

Écrire

9 Écris une chanson sur ton avenir. Utilise les activités 1 et 6 pour t'aider.

> Je partirai/Je ne partirai jamais…
>
> Je quitterai/Je ne quitterai pas…
>
> Je resterai/Je ne resterai pas…
>
> J'écouterai…/Je mangerai…/Je visiterai…/Je travaillerai…/Je jouerai…
>
> Je ne regretterai rien!

cent-trente-et-un 131

6 C'est clair!

Focus on:
- reading longer texts
- coping with unfamiliar vocabulary

🎧 Écouter

1 Écoute et lis.

Le carnaval de Martinique. On adore!

Salut les amis! Mon nom, c'est Mathéo et je suis français. J'habite en Martinique, à Fort-de-France. Je parle le français et le créole. Je vais vous parler d'une tradition martiniquaise super intéressante: le carnaval.

Le carnaval de Martinique est un festival qui est connu partout dans le monde.

Le lundi gras, c'est la journée des mariages burlesques. Les hommes se déguisent en femmes et les femmes se déguisent en hommes.

Le mardi gras, c'est la journée des diables rouges. Les masques sont fantastiques!

Le mercredi gras, c'est la fête des diablesses habillées en noir et blanc. Les parades sont exceptionnelles!

Le carnaval martiniquais a des influences européennes, africaines et amérindiennes.

Chaque année, il y a un roi du carnaval: Vaval. Et Vaval est une grande marionnette qui change tous les ans. Vaval est présent tout au long du carnaval, il se balade avec tout le monde, mais le mercredi, au soir, le roi Vaval sera brûlé, incinéré.

Spectacle coloré, le carnaval est un phénomène culturel où la diversité règne. J'adore!

Qui n'aime pas le carnaval? On s'amuse! On se parle. On danse. On mange des bonnes choses, des beignets par exemple.

À l'avenir, je voyagerai au Brésil ou à la Nouvelle-Orléans pour le mardi gras. Je voudrais voir leur version du carnaval.

connu partout dans le monde	known throughout the world
se déguiser	to dress up/disguise oneself as
le diable	devil
la diablesse	she-devil
habillé(e)	dressed
se balader	to walk with

🌐 Francophonie

The history of carnival dates back to the Middle Ages or perhaps further to a pagan spring festival of Ancient Rome. Adopted as a Christian celebration, it has taken on great cultural significance around the world. *Mardi gras* ('fat Tuesday') is the Tuesday before Ash Wednesday, which starts a period of abstinence from eating meat or other items for some Catholics.

The French colonisers of Martinique brought the *carnaval* tradition to the island. Following the abolition of slavery, the islanders have since imposed their own distinctive style on the parade and celebration via music, dance and characters represented.

Le monde francophone   6

🔑 Thinking about reading: Tackling longer texts

2 **Look at activity 3. Do you need to read for detail or gist? Think about these questions to help you decide.**
- Do I need to understand detailed information to answer the questions?
- Will other clues (photos, titles) help me answer the questions?
- What sort of answers do the questions require?

3 **Lis le texte et réponds aux questions en anglais.**
- a What is the text about?
- b Is the writer's attitude to the event positive or negative?

4 **Take a moment to think about (monitor) how you approached the task. Ask yourself these questions.**
- What elements of the text helped me work out the answers?
- How much of the vocabulary did I need to understand to answer the questions?
- Is it easier or more difficult than I expected?
- Would a different approach work better next time?

5 **With a partner, look through the text in activity 1 again. Make lists of:**
- any unfamiliar words you think you can guess
- any words about which you have no clue.

6 **Now look at activity 7. With a partner, discuss strategies you could use to work out the meaning of any unfamiliar vocabulary when answering the questions.**

Reading is an important skill when learning any language. When you are confronted with a long passage, it can be off-putting. As you learnt when you were listening for gist and reading for detail, it is important to bear in mind that you can:
- use context to help you
- use the title and any photos relating to the text
- focus on the main idea(s) of a text rather than trying to understand every phrase (there are often words you don't actually need to understand to complete a task)
- use the questions you are being asked to help you understand, focusing closely on the part of the text needed to answer each detailed question.

7 **Relis le texte et réponds aux questions en anglais.**
- a What details does Mathéo give about himself?
- b What happens at the parade on the Monday, Tuesday and Wednesday each year?
- c Who is Vaval and what happens to him on the Wednesday evening?
- d What general point does Mathéo make about Carnival in the third-from-last paragraph?
- e What does Mathéo say he will do in the future?

8 **When you finish, think about how well it went (evaluate) by answering these questions.**

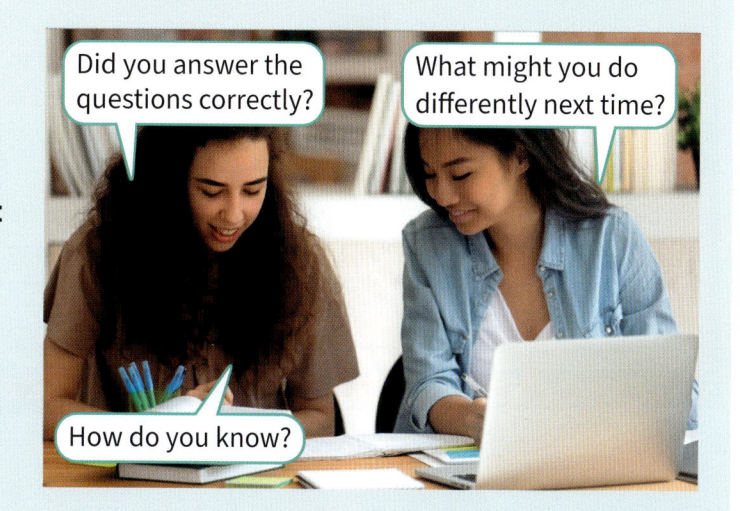

Did you answer the questions correctly?

What might you do differently next time?

How do you know?

cent-trente-trois   133

6 Francophonie

Le djembé

1 🎧 **Listen and read the poem.**

Le djembé parle…

1. Le djembé parle…
   Le djembé chante…
   Le djembé raconte une histoire!
   Le djembé me parle à moi, à toi…

2. Tôt le matin, le djembé parle…
   Tôt le matin, le djembé chante…
   Tôt le matin, le djembé décrit le soleil qui se lève

3. Vers midi, le djembé parle…
   Vers midi, le djembé chante…
   Vers midi, le djembé décrit la pluie qui tombe

4. L'après-midi, le djembé parle…
   L'après-midi, le djembé chante…
   L'après-midi, le djembé décrit les perroquets qui volent

5. Le soir, le djembé parle…
   Le soir, le djembé chante…
   Le soir, le djembé décrit la terre qu'on cultive

6. Tard la nuit, le djembé parle…
   Tard la nuit, le djembé chante…
   Tard la nuit, le djembé décrit les étoiles dans l'univers

7. Le djembé parle…
   Le djembé chante…
   Le djembé raconte une histoire!
   Le djembé me parle à moi, à toi, aux fleurs qui s'ouvrent

8. Le djembé parle…
   Le djembé chante…
   Le djembé raconte une histoire!
   Le djembé me parle à moi, à toi…
   Le djembé me parle à moi, à toi…

The djembe speaks…
The djembe sings…
The djembe tells a story!
The djembe speaks to me, to you…

Early in the morning, the djembe speaks…
Early in the morning, the djembe sings…
Early in the morning, the djembe describes the sun rising

Around noon, the djembe speaks…
Around noon, the djembe sings…
Around noon, the djembe describes the rain falling

In the afternoon, the djembe speaks…
In the afternoon, the djembe sings…
In the afternoon, the djembe describes the parrots flying

In the evening, the djembe speaks…
In the evening, the djembe sings…
In the evening, the djembe describes the land we cultivate

Late at night, the djembe speaks…
Late at night, the djembe sings…
Late at night, the djembe describes the stars in the universe

The djembe speaks…
The djembe sings…
The djembe tells a story!
The djembe speaks to me, to you, to the flowers opening

The djembe speaks…
The djembe sings…
The djembe tells a story!
The djembe speaks to me, to you…
The djembe speaks to me, to you…

📣 Attention!
Listen and follow the words on the page. Don't think too much about the meaning. Listen to the rhythm.

🌐 Francophonie
Do you know of a drum called the djembe? It is played throughout West Africa and often in Côte d'Ivoire. Côte d'Ivoire is a former French colony, which became an independent state in 1960. The capital city is Yamoussoukro. The Comoé and Taï National Parks are UNESCO world heritage sites, remarkable for their biodiversity.

People in Côte d'Ivoire speak Kwa, Mande and Gur languages. Bambara is a Gur language and is spoken by many people in Côte d'Ivoire, although the official language is French. In the Bambara language, *djembé* means 'gather together in peace'.

134 cent-trente-quatre

Le monde francophone 6

2 List the images (a–f) in the order in which they appear in the poem. Note down the French word for each image too.

a b c
d e f

3 With a partner, read the English translation and compare it with the French poem.

4 🎧 Listen to and repeat verse 1 in French.

5 🎧 Now listen to verses 2–6 and repeat them with a partner.

6 In pairs, discuss these questions.

Which verse do you like best?   Which images do you like?

Is there an image that surprises you?

7 You are going to write your own poem. First, read the poem again and spot the two refrains.

8 In pairs, think of words you have met in *Vif 1* and brainstorm what the sound of the drums might mean for you. Use these ideas or your own.

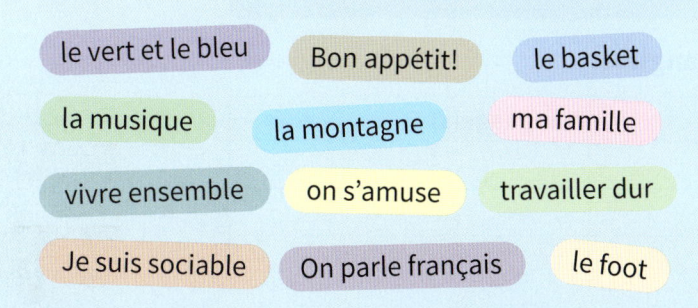

le vert et le bleu   Bon appétit!   le basket
la musique   la montagne   ma famille
vivre ensemble   on s'amuse   travailler dur
Je suis sociable   On parle français   le foot

Francophonie

Drums may date back to Neolithic times. Drums from francophone African countries certainly made their way to Ancient Greece and Rome.

In some African countries, drums are considered to be the heartbeat of a community. Drumming plays a role in many important ceremonies and celebrations. 'Talking drums' were used by storytellers and also to send messages from village to village.

9 Now write and illustrate your own poem. Choose four elements from activity 8 to put in it or use your own ideas.

Tôt le matin, le djembé parle…
Tôt le matin, le djembé chante…
Tôt le matin, le djembé décrit la montagne

Vers midi, le djembé parle…
Vers midi, le djembé chante…
Vers midi, le djembé décrit le vert et le bleu

cent-trente-cinq 135

6 On récapitule

Lire

1 Lis les phrases. Positif (P) ou négatif (N)?

a J'aime aller en ville avec mes copains. On s'éclate toujours.
b Le festival de musique, c'est magique!
c Les bananes plantain, je n'aime pas beaucoup ça.
d Les plats vietnamiens? Miam-miam! J'adore!
e C'est quoi exactement? Ça a l'air délicieux.
f Alex ne danse jamais. Il trouve ça nul!
g Je m'amuse bien avec mes amies.
h Le bœuf, le poulet, le porc, ce n'est pas mon truc.
i Je n'aime pas faire la fête. Je préfère rester chez moi.
j Au restaurant, on mange des bonnes choses.

✓ 10

2 Lis et réponds aux questions en anglais.

Kofi: Salut, Aïcha! On se retrouve où exactement?

Aïcha: En ville, sur la place principale, devant le camion-resto. J'arriverai à midi.

Kofi: D'accord, mais moi, à midi, j'ai faim. On va manger quoi?

Aïcha: On va prendre un sandwich ou une pizza. Puis on va aller au festival de musique. Il est super.

Kofi: Moi, j'aime bien ça mais je voudrais aussi aller au parc. On voit des copains, on se parle, on joue au foot, on s'amuse bien… J'aime ça!

Aïcha: D'accord. À plus tard!

a Where and when will Kofi and Aïcha meet up? Give **three** details.
b What will they eat for lunch? Give **two** details.
c Where will they go after lunch?
d Where would Kofi like to go afterwards?
e Why does he like going there? Give **three** details.

✓ 10

Max. ✓ 20 points

Écouter

3 Écoute (1–3). Recopie et complète la grille en anglais.

		City	Nationality	Language(s)
1	Samira			
2	Ousmane			
3	Caterina			

✓ 10

6 Le monde francophone

4 Écoute la conversation de Noémie et Éric. Réponds aux questions en anglais.

a What drink does Éric like?
b What does Éric have for breakfast? Give **three** details.
c What does Noémie eat for breakfast?
d What is Éric going to have for lunch?
e What will Noémie have for lunch? Give **two** details.
f What does Noémie not like?
g What does Noémie love?

✓ 10

Max. ✓ 20 points

Écrire

5 Recopie et complète les phrases.

a J'habite à … en/au …
b Ma nationalité? Je suis …
c Je parle le/l' … et le/l' …
d Pour le petit-déjeuner, je prends … et …, et comme boisson, je prends …
e Pour le dîner, j'aime manger …
f J'aime boire …

✓ 10

6 Traduis en français.

a We have fun.
b I am thirsty. I would like a cola.
c The music festival takes place in June.
d I'm going to have the *poutine*. It looks delicious!
e I will visit Switzerland in the future.

✓ 10

Max. ✓ 20 points

Tes résultats

How many points did you get? Ask your teacher for the answers.
Write down your score out of a total of 20 for Reading, Listening and Writing.
Find the right combination of Bronze, Silver and Gold activities for you on pages 138–139.

0–6 points
Well done! Do the Bronze activity in the next section.

7–12 points
Great! Do the Silver activity in the next section.

13–20 points
Fantastic! Do the Gold activity in the next section.

cent-trente-sept 137

6 En avant!

Bronze

1 Read the party invitation. Copy and complete the English summary.

> Le 18 juin, Enzo va avoir 13 ans!
>
> On va faire la fête à quatre heures chez moi. On va s'éclater!
>
> On va danser, écouter de la musique et s'amuser ensemble, puis on mangera. On va manger des hotdogs, du poulet et des frites et comme boissons, on va prendre du coca et de la limonade.

Enzo's party is on … at … o'clock. The guests will dance, … and … Then they will … There will be hot dogs, … and … They will drink … and …

2 Listen to Élise and Noah's conversation about getting lunch. Answer the questions in English.

a Name **two** different foods available at the food truck.
b What does Élise normally have for lunch?
c What is Noah going to have for lunch?
d What is Élise going to have?
e Why isn't she having her usual lunch?

3 Answer the questions in French.

a Tu habites où?
b Tu es de quelle nationalité?
c Tu parles quoi comme langues?
d Tu prends quoi pour le petit-déjeuner?
e À l'avenir, tu visiteras quel pays?

Argent

4 Lis la publicité pour le festival d'Avignon. Vrai ou faux?

> **Le festival d'Avignon** a lieu du 7 au 26 juillet
>
> On va voir des spectacles de danse, de théâtre et toutes sortes de concerts. On regardera des films. La diversité des spectacles est immense. On va s'éclater!
>
> Vous avez faim? Nous avons des restaurants de toutes nationalités: français, vietnamiens, marocains… Alors, choisissez des moules-frites, des rouleaux de printemps, du couscous…
>
> Mais attention, pour visiter le festival, il faut réserver!

a The festival takes place in June.
b You can take part in dance workshops.
c There is a great variety of shows.
d You are promised a good time at the festival.
e In the town, there are restaurants representing many different cultures.
f You don't need to book to attend the festival.

5 Écoute la conversation de Léo et Ella. Réponds aux questions en anglais.

a Which country does Ella want to visit and why?
b Which country does Léo want to visit and why?
c What problem does Léo have?
d Who will help him with that problem?
e What will he do in Marrakesh?
f What do Ella and Léo have in common?

6 Traduis en français.

a I live in Belgium and I speak French.
b For breakfast, I have bread and jam.
c I'm hungry. I'm going to have some chips.
d We have fun at the festival.
e I will visit Switzerland.

Le monde francophone 6

Or

7 Lis les commentaires et réponds aux questions.

Max: Salut! Moi, mon truc, c'est la cuisine. J'adore la cuisine vietnamienne et j'aime beaucoup faire la cuisine pour ma famille. Samedi, je préparerai du phô et des nems pour le dîner – on mangera, on se parlera et on s'amusera. J'aime ça!

Marieme: Dimanche, on va faire la fête pour ma grand-mère qui va avoir 70 ans. Elle est sénégalaise et elle parle le français, le wolof et l'arabe, et je l'adore. Moi, j'organise la fête. On va chanter et danser, et manger des bonnes choses bien sûr! On va s'amuser, ça va être super!

Karim: Ma passion, c'est la communauté. À l'avenir, je resterai près de ma famille et je travaillerai dans notre restaurant. Pour moi, ça, c'est très important. Je ne quitterai pas la Suisse, je ne voyagerai pas et je ne regretterai rien!

Who…?
a is keen to help their family
b is Senegalese
c knows what job they want to do
d likes chatting with their family
e is planning a party
f is interested in world cuisine

8 Écoute la conversation de Louise et Fahrid. Choisis les *quatre* bonnes phrases.

a Fahrid's grandfather has lived in France most of his life.
b He only eats Moroccan food.
c He speaks four languages.
d Fahrid admires him.
e Fahrid wants to travel to North Africa.
f He likes trying different cuisines.
g He wants to live abroad in future.
h He plans to work abroad.

9 Écris un paragraphe (80–100 mots). Mentionne:

- ton nom, ton âge, ta nationalité, les langues que tu parles
- ce que tu manges au petit-déjeuner et au dîner
- pourquoi tu aimes faire la fête
- tes projets pour l'avenir.

Challenge yourself!

Try to use:

- at least four examples of the partitive article (*du, de la, de l', des*)
- at least two reflexive verbs
- at least two verbs in the future tense
- at least two expressions with *avoir*.

cent-trente-neuf 139

6 Vocabulaire

6.1 Mon pays, ma langue
My country, my language

	Tu es de quelle nationalité?	What nationality are you?
	Je suis…	I am…
	antillais(e)	West Indian
	belge	Belgian
	burkinabé(e)	Burkinabe
	congolais(e)	Congolese
	français(e)	French
	luxembourgeois(e)	Luxembourgish
	québécois(e)	Quebecker
	sénégalais(e)	Senegalese
	suisse	Swiss
	J'habite…	I live…
	en Belgique	in Belgium
	en France	in France
	en Guadeloupe	in Guadeloupe
	en République démocratique du Congo	in the Democratic Republic of the Congo
	en Suisse	in Switzerland
	au Burkina Faso	in Burkina Faso
	au Canada	in Canada
	au Luxembourg	in Luxembourg
	au Sénégal	in Senegal
	Tu parles quoi comme langues?	What languages do you speak?
	Je parle…	I speak…
l'	anglais	English
l'	arabe	Arabic
le	bambara	Bambara
le	français	French
le	kabyle	Kabyle
le	luxembourgeois	Luxembourgish
le	moré	Mooré
le	néerlandais	Dutch
le	patois	Patois
le	swahili	Swahili
le	wolof	Wolof

6.2 Bon appétit!
Enjoy your meal!

	prendre	to take (have/eat)
du	café	coffee
du	fromage	cheese
du	gruau	porridge
du	jambon	ham
du	lait	milk
du	pain	bread
du	thé	tea
de la	confiture	jam
des	céréales	cereal
des	fruits	fruit
des	œufs	eggs
des	tartines	slices of bread with topping(s)

6.3 J'ai faim!
I'm hungry!

l'	ail	garlic
le	bánh mì	bánh mì
le	bœuf	beef
le	hotdog	hot dog
le	phô	pho
le	porc	pork
le	poulet (braisé)	(braised) chicken
le	riz	rice
la	moutarde	mustard
la	poutine	poutine
de la	sauce brune	gravy
les	bananes plantain	plantains
les	frites	fries, chips
les	légumes	vegetables
les	moules(-frites)	mussels (and chips)
les	nems	spring rolls
les	nouilles	noodles
les	ognons	onions

140 cent-quarante

Le monde francophone   6

les	boissons	*drinks*
le	coca	*cola*
l'	eau minérale	*mineral water*
la	limonade	*lemonade*
	Qu'est-ce que tu vas prendre?	*What would you like?*
	Je vais prendre…	*I'm going to have…*
	Je prends…	*I'm having…*
	Je voudrais…	*I would like…*
	J'ai faim.	*I'm hungry.*
	J'ai soif.	*I'm thirsty.*
	Tu as raison.	*You're right.*
	Ça a l'air delicieux.	*It looks delicious.*

6.4 On fait la fête!
We're celebrating!

C'est quand, …?	*When is …?*
Ça a lieu où exactement?	*Where is it taking place exactly?*
C'est quoi exactement, …?	*What exactly is …?*
Qu'est-ce qu'on fait à la fête?	*What do you do at the party/festival?*
on danse	*we dance*
on écoute	*we listen*
on chante	*we sing*
on voit	*we see*
on mange (des bonnes choses)	*we eat (good things)*
on joue	*we play*
on se parle	*we talk to each other*
on s'amuse, on s'éclate	*we have fun*

on se retrouve	*we meet up*
C'est super.	*It's super.*
C'est beau.	*It's beautiful.*
C'est magique.	*It's magical.*
C'est top.	*It's great.*
C'est mon festival préféré.	*It's my favourite festival.*

6.5 Et à l'avenir?
What about the future?

Tu partiras à l'avenir?	*Will you leave in the future?*
À l'avenir…	*In the future…*
Plus tard…	*Later on…*
je quitterai la France	*I will leave France*
je jouerai au basket aux États-Unis	*I will play basketball in the United States*
je voyagerai	*I will travel*
je visiterai beaucoup de pays différents	*I will visit lots of different countries*
je mangerai des bonnes choses	*I will eat good things*
je resterai près de ma famille	*I will stay close to my family*
je travaillerai dans notre restaurant	*I will work in our restaurant*
je ne quitterai pas ma famille	*I won't leave my family*
je ne regretterai rien	*I will regret nothing*

📖 Use your dictionary: expressions are different!

Sometimes the dictionary will show you that you can't just translate word for word – you need to translate the phrase as a whole. For example:

> to **be** *verb* être

but

> **cold** *adjective* ▷ **see cold** *noun*
> 1 *(weather, places)*
> 2 *(the feeling)*
>   **to be cold** avoir froid

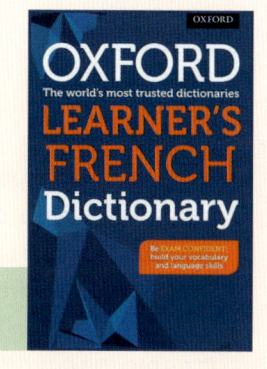

Use your dictionary to check the translations of expressions.

cent-quarante-et-un 141

Grammaire

Nouns and articles

The gender of nouns
- All French nouns are either masculine or feminine. You usually use them with the **definite** or **indefinite** article.
- It's best to learn any new nouns you encounter with their gender (and with their plural form).

The definite and indefinite articles
- *Le/La* are **definite articles**. They mean 'the'.
  Le or *la* in front of a vowel or an 'h' loses a letter.
  le cinéma – the cinema
  la voiture – the car
  l'école – the school
- *Un/Une* are **indefinite articles**. They mean 'a' (or 'an').
  un cinéma – a cinema
  une voiture – a car
- In the plural (more than one), the definite article is *les* and the indefinite article is *des*.
  les cinémas – the cinemas
  Elle a des livres. – She's got (some) books.

	masculine	feminine	plural
definite article	le cinéma	la voiture	les cinémas les voitures
indefinite article	un cinéma	une voiture	des cinémas des voitures

Partitive articles
- You use the partitive articles *du, de la, de l'* or *des* to talk about unspecified quantities, for example with food.

	masculine	feminine
singular	du pain	de la salade
plural	des fruits	des tartines

- Use *de l'* for a singular word starting with a vowel or an 'h':
  de l'eau.
  You often use the partitive article after *faire*:
  Je fais de la danse, du sport et de l'escalade. – I dance, I do sport and I go climbing.
  After a negative verb, use *de (d'* in front of a vowel):
  Je ne fais pas de sport. – I don't do sport.
  Je ne mange pas d'œufs. – I don't eat eggs.

Adjectives

Position
- Adjectives describe nouns. They normally go after the noun.
  un dauphin bleu – a blue dolphin
- Some adjectives, often short ones such as *beau, joli, jeune, vieux, petit, grand, nouveau*, go before the noun.
  une grande maison – a large house
  un petit chien – a small dog

Agreement
- Most adjectives agree with the noun. Their sound and spelling change according to the noun's gender and whether it is singular or plural. You add an *-e* in the feminine and an *-s* in the plural.

	masculine	feminine
singular	un petit chien	une petite maison
plural	deux petits chiens	deux petites maisons

- If an adjective already ends in *-s*, it doesn't change in the masculine plural. This often happens with adjectives of nationality.
  deux garçons français – two French boys
- If an adjective already ends in *-e*, it doesn't change in the feminine singular.
  une maison rouge – a red house
- Some common adjectives follow different rules when they agree.

masculine	feminine	masc. plural	fem. plural
actif	actives	actifs	actives
courageux	courageuse	courageux	courageuses
travailleur	travailleuse	travailleurs	travailleuses
gentil	gentille	gentils	gentilles
long	longue	longs	longues
patient	patiente	patients	patientes
roux	rousse	roux	rousses
beau	belle	beaux	belles

Irregular agreements and exceptions

- Some adjectives have irregular agreements.

masculine	feminine	masc. plural	fem. plural	
blanc	blanche	blancs	blanches	white
vieux	vieille	vieux	vieilles	old

- Some adjectives, such as *marron*, *orange*, *sympa*, *cool*, do not agree at all: they are invariable.
  Mes copines sont cool. – My (girl) friends are cool.

- Compound adjectives (made of two adjectives) are also invariable.
  *des yeux **bleu foncé*** – dark blue eyes

Comparisons

- You use *plus ... que* (more ... than) or *moins ... que* (less ... than) around adjectives to make comparisons.
  *Le français est **plus** intéressant **que** la géographie.* – French is more interesting than geography.
  *Océane est **moins** travailleuse **que** Manon.* – Océane is less hard-working than Manon.
  *Mes copines sont **plus** amusantes **que** mes parents.* – My (girl) friends are more fun than my parents.

Possessive adjectives

- In French, possessive adjectives (the words for 'my', 'your', 'his/her') agree with the noun. What matters is the gender of the noun, not the gender of the person.

		my	your	his/her
masculine noun or noun starting with a vowel or 'h'	un t-shirt une idée	mon t-shirt mon idée	ton t-shirt ton idée	son t-shirt son idée
feminine noun	une classe	ma classe	ta classe	sa classe
plural noun	les parents	mes parents	tes parents	ses parents

- *Pierre est gentil. Sa sœur est créative.* – Pierre is kind. His sister is creative.
- *Léa regarde des films. Son ami écoute de la musique.* – Léa watches films. Her friend listens to music.

Grammaire

Prepositions

en and *à*

- You use *en* with names of countries that are feminine or start with a vowel.
  J'habite en Angleterre. – I live in England.
  Je vais en France. – I'm going to France.

- You use *au/aux* with names of countries that are masculine.
  J'habite au pays de Galles. – I live in Wales.
  Je vais aux États-Unis. – I'm going to the USA.

- You use *à* with names of towns and cities.
  J'habite à Kinshasa. – I live in Kinshasa.
  Je vais à Paris. – I'm going to Paris.

masculine		au cinéma.
feminine	Je suis/Je vais	à la piscine.
noun starting with a vowel or an 'h'		à l'école.

- You use *au/à la/à l'* with places in town.

Other prepositions

- Other useful prepositions include:

dans	in/inside
devant	in front of
derrière	behind
entre	between
sous	under
sur	on
à gauche	on the left
à droite	on the right
au centre	in the centre

cent-quarante-trois 143

Grammaire

Negatives

Negatives with verbs

- To make a sentence negative, you put *ne ... pas* on either side of the verb.
  *Je **ne** vais **pas** au gymnase.* – I'm not going to the gym.

- With a reflexive verb, *ne ... pas* goes around the pronoun + verb phrase.
  *On **ne** se parle **pas**.* – We don't talk.

- With the near future tense, *ne ... pas* goes around the present tense of *aller*.
  *Je **ne** vais **pas** jouer au foot demain.* – I am not going to play football tomorrow.

- With modal verbs, *ne ... pas* goes around the modal verb.
  *Je **ne** veux **pas** sortir demain.* – I don't want to go out tomorrow.

Negatives with the indefinite and partitive article

- After a negative, the indefinite or partitive article becomes *de*.
  Je mange du pain. – I eat (some) bread.
  *Je ne mange pas **de** pain.* – I don't eat (any) bread.
  *Il y a **des** singes dans le refuge pour animaux.* – There are (some) monkeys in the animal shelter.
  *Il n'y a pas **de** singes dans le refuge pour animaux.* – There aren't any monkeys in the animal shelter.

Verbs

The present tense

- There is only one present tense in French.
  Je joue au foot. – I play football.
  Je trouve ça intéressant. – I find it interesting.

- The pronoun *je* in front of a vowel or an 'h' is shortened to *j'*.
  J'adore les animaux. – I love animals.

Regular -er, -ir and -re verbs

- To form the present tense of regular *-er* verbs, replace *-er* with the correct ending.
- With verbs such as *préférer*, you also have to change the accent: *je préfère*.
- There a few small exceptions:
  manger (to eat) – *nous mang**e**ons*
  commencer (to start) – *nous commen**ç**ons*

- To form the present tense of regular *-ir* verbs, replace *-r* with the correct ending.
- To form the present tense of regular *-re* verbs such as *répondre*, replace *-re* with the correct ending.

Irregular verbs

- There are many irregular verbs, for example *avoir* (to have), *être* (to be), *faire* (to do, make), *aller* (to go), *prendre* (to take), *sortir* (to go out).
  Je suis congolaise. – I am Congolese.
  J'ai faim. – I'm hungry.

Reflexive verbs

- You use reflexive verbs to talk about an action you do to yourself. Reflexive verbs have an extra pronoun.
  *On **se** retrouve.* – We meet **each other**.

- The pronouns *me*, *te* and *se* in front of a vowel or an 'h' are shortened to *m'*, *t'* and *s'*.
  *Je **m'**amuse.* – I have fun.

Future tenses

The near future

- You use the **near future** to say what is going to happen. It is formed with the present tense of *aller* followed by an infinitive.
- *Je vais respecter les autres.* – **I am going to** respect others.

The future tense

- You can also use the future tense to talk about the future, especially for plans further away into the future. For regular *-er* verbs, you add the appropriate endings to the infinitive.

Grammaire

Verb tables

Regular -er verbs in the present tense

- All -er verbs are regular, with the exception of *aller*.

jouer – *to play*	
je jou**e**	I play
tu jou**es**	you (singular informal) play
il/elle/on jou**e**	he/she/one plays
nous jou**ons**	we play
vous jou**ez**	you (plural or formal) play
ils/elles jou**ent**	they play

regarder – *to watch*	
je regar**de**	I watch
tu regar**des**	you (singular informal) watch
il/elle/on regar**de**	he/she/one watches
nous regar**dons**	we watch
vous regar**dez**	you (plural or informal) watch
ils/elles regar**dent**	they watch

Regular -ir verbs in the present tense

choisir – *to choose*	
je chois**is**	I choose
tu chois**is**	you (singular informal) choose
il/elle/on chois**it**	he/she/one chooses
nous chois**issons**	we choose
vous chois**issez**	you (plural or formal) choose
ils/elles chois**issent**	they choose

finir – *to finish*	
je fin**is**	I finish
tu fin**is**	you (singular informal) finish
il/elle/on fin**it**	he/she/one finishes
nous fin**issons**	we finish
vous fin**issez**	you (plural or formal) finish
ils/elles fin**issent**	they finish

Regular -re verbs in the present tense

défendre – *to defend*	
je défend**s**	I defend
tu défend**s**	you (singular informal) defend
il/elle/on défend	he/she/one defends
nous défend**ons**	we defend
vous défend**ez**	you (plural or formal) defend
ils/elles défend**ent**	they defend

répondre – *to answer*	
je répond**s**	I answer
tu répond**s**	you (singular informal) answer
il/elle/on répond	he/she/one answers
nous répond**ons**	we answer
vous répond**ez**	you (plural or formal) answer
ils/elles répond**ent**	they answer

Grammaire

Irregular verbs: present tense

être – *to be*	avoir – *to have*	faire – *to do*	voir – *to see*	prendre – *to take*
je suis	j'ai	je fais	je vois	je prends
tu es	tu as	tu fais	tu vois	tu prends
il/elle/on est	il/elle/on a	il/elle/on fait	il/elle/on voit	il/elle/on prend
nous sommes	nous avons	nous faisons	nous voyons	nous prenons
vous êtes	vous avez	vous faites	vous voyez	vous prenez
ils/elles sont	ils/elles ont	ils/elles font	ils/elles voient	ils/elles prennent

aller – *to go*	écrire – *to write*	vouloir – *to want*	lire – *to read*
je vais	j'écris	je veux	je lis
tu vas	tu écris	tu veux	tu lis
il/elle/on va	il/elle/on écrit	il/elle/on veut	il/elle/on lit
nous allons	nous écrivons	nous voulons	nous lisons
vous allez	vous écrivez	vous voulez	vous lisez
ils/elles vont	ils/elles écrivent	ils/elles veulent	ils/elles lisent

sortir – *to go out*	
je sor**s**	*I go out*
tu sor**s**	*you (singular informal) go out*
il/elle/on sor**t**	*he/she/one goes out*
nous sort**ons**	*we go out*
vous sort**ez**	*you (plural or formal) go out*
ils/elles sort**ent**	*they go out*

Glossaire

Key to the abbreviations used in the glossary

adj	adjective – a describing word		**nm**	masculine noun
adv	adverb – a word that describes or changes the meaning of a verb or adjective		**nf**	feminine noun
			n pl	plural noun – a noun in the plural form (more than one)
conj	conjunction – a joining word		**p**	preposition – a word that specifies time, direction or place
n	noun – a person, animal, object, place or thing		**v**	verb – a 'doing' or 'being' word

A

	à	prep	on/to/in
	à droite	adv	on/to the right
	à gauche	adv	on/to the left
	à la craie	adv	with chalk
	à l'avenir	adv	in the future
	à l'étranger	adv	abroad
	à travers	conj	through
	actif/active	adj	active
	acquérir	v	to gain
	acquérir de l'expérience	v	to gain experience
l'	activité	nf	activity
les	activités de plein-air	nf pl	outdoor activities
	adorer	v	to love
	aider	v	to help
	aider les autres	v	to help others
	aider la planète	v	to help the planet
l'	ail	nm	garlic
	aimer	v	to like
	aimer le contact avec les autres	v	to like contact with others
	ajouter	v	to add
	aller	v	to go
	aller à l'amphithéâtre	v	to go to the auditorium
	aller à la bibliothèque	v	to go to the library
	aller à la cantine	v	to go to the canteen
	aller à l'université	v	to go to university
	aller au laboratoire (de sciences)	v	to go to the (science) lab
	aller aux toilettes	v	to go to the toilet
	aller chez le coiffeur	v	to go to the hairdresser's
	aller chez le dentiste	v	to go to the dentist's
	aller chez le médecin	v	to go to the doctor's
	aller dans la cour	v	to go to the playground
	aller en classe/en cours	v	to go to class/lessons
l'	ami/amie	nm/f	friend
l'	amitié	nf	friendship
l'	amphithéâtre	nm	auditorium
	amusant(e)	adj	funny
l'	anglais	nm	English
l'	animal	nm	animal
l'	année	nf	year
l'	année prochaine	nf	next year
	antillais(e)	adj	West Indian
	apprendre	v	to learn
	après	adv	after
	après le repas	adv	after the meal
l'	arabe	nm	Arabic
l'	arbre	nm	tree
l'	arc-en-ciel	nm	rainbow
	arriver	v	to arrive
	arriver au collège vers…	v	to get to school at about…
les	arts plastiques	nm pl	art
	attaché(e)	adj	tied back (hair)
	au centre	adv	at the centre
	au quotidien	adv	daily
	aussi	conj	also
les	autres	nm pl	others
	avec	conj	with
l'	avenir	nm	the future
	avoir	v	to have
	avoir faim	v	to be hungry

Glossaire

	avoir l'air délicieux	v	to look delicious
	avoir lieu	v	to take place
	avoir soif	v	to be thirsty

B

	baleine	nf	whale
la	banane plantain	nf	plantain
la	bande dessinée	nf	comic book
le	bánh mì	nm	bánh mì
le	basket	nm	basketball
les	baskets	nf pl	trainers
le	bâtiment	nm	building
	beau/belle	adj	beautiful
	beaucoup de		lots of
	beaucoup de choses		lots of things
le	bébé	nm	baby
	belge	adj	Belgian
la	Belgique	nf	Belgium
le	beau-père	nm	stepdad
la	belle-mère	nf	stepmum
le	bénévolat	nm	volunteering
	Beurk!/Berk!		Yuck!
la	bibliothèque	nf	library
	bien	adv	well
	bien sûr		of course
le	blanc	nm	white
	blanc(he)	adj	white
le	bleu	nm	blue
	bleu(e)	adj	blue
	blond(e)	adj	blonde
le	bœuf	nm	beef
la	boisson	nf	drink
	bon(ne)	adj	good
	Bon appétit!		Enjoy your meal!
le	boulot	nm	job
la	boxe	nf	boxing
	braisé(e)	adj	braised
la	brousse	nf	bush/scrubland
	brun(e)	adj	brown

le	buffle	nm	buffalo
	burkinabé(e)	adj	Burkinabe
le	Burkina Faso	nm	Burkina Faso

C

	ça		it/that/them
le	café	nm	café, coffee
	calme	adj	calm
	Ça lui va bien.		It suits him/her.
	Ça me stresse!		It stresses me out!
	Ça me va bien.		It suits me.
le	Canada	nm	Canada
le	canari	nm	canary
la	cantine	nf	canteen
	car	conj	because
le	carnaval	nm	carnival
la	casquette	nf	cap
la	célébrité	nf	fame
	Ce n'est pas…		It isn't…
	C'est…		It is/it's…
	Ce que j'aime chez … c'est …		What I like about … is that …
le	centre de documentation et d'information (CDI)	nm	school library
les	céréales	nf pl	cereal
	C'est comment?		What is it like?
	C'est quelqu'un qui est…		It's someone who is…
	C'est qui, ton/ta meilleur(e) ami(e)?		Who is your best friend?
	C'est quoi?		What is it?
	C'est quoi, ta passion?		What is your passion?
	C'est quoi, ton animal préféré?		What is your favourite animal?
	C'est quoi, ton nom?		What is your name?
	C'est quoi, ton truc?		What is your thing?
la	chambre	nf	bedroom
le	championnat de football	nm	football league
	chanter	v	to sing
le	chapeau	nm	hat

Glossaire

le	**chat**	nm	cat
les	**chaussures**	nf pl	shoes
le	**chef**	nm	leader
le	**chef d'orchestre**	nm	conductor/band leader
la	**chemise**	nf	shirt
les	**cheveux**	nm pl	hair
les	**cheveux attachés/ blonds/bruns/noirs/ roux**	nm pl	tied-back/blond/brown/black/red hair
	chez		to/at (someone's) house
	chez moi		at my house/at home
le	**chien**	nm	dog
le	**chignon masculin**	nm	man bun
la	**chimie**	nf	chemistry
	choisir	v	to choose
	choisir la paix	v	to choose peace
la	**chorégraphie**	nf	choreography
la	**chose**	nf	thing
le	**ciel**	nm	sky
le	**cinéma**	nm	cinema
le	**citoyen du monde**	nm	citizen of the world
	clair(e)	adj	light
la	**classe**	nf	class
le	**club**	nm	club
le	**coca**	nm	cola
le	**coiffeur**	nm	hairdresser
la	**coiffure afro**	nf	afro
le	**collège**	nm	middle school
	comme		like
	commencer	v	to start
	Comment?		How?
la	**communauté**	nf	community
	compliqué(e)	adj	complicated
	compréhensif/ compréhensive	adj	understanding
le	**compte**	nm	account
la	**confiance**	nf	confidence
la	**confiture**	nf	jam
	congolais(e)	adj	Congolese
	connu(e)	adj	well-known
le	**contact**	nm	contact

	contacter	v	to contact
	contacter les copains	v	to contact friends
	cool	adj	cool
le/la	**copain/copine**	nm/fl	friend
la	**couleur**	nf	colour
la	**cour**	nf	playground
	courageux/courageuse	nm/f	brave
les	**cours**	nm pl	lessons/courses
	court(e)	adj	short
la	**craie**	nf	chalk
la	**cravate**	nf	tie
	créatif/créative	adj	creative
	créer	v	to create/design
	créer des vêtements	v	to design clothes
	crier	v	to shout (out)
le	**criquet**	nm	cricket
	cruel(le)	adj	cruel
la	**cuisine**	nf	cooking/kitchen
	cuisiner	v	to cook
le/la	**cuisinier/cuisinière**	nm/f	cook/chef

D

	dans	prep	in
	dans le lac		in the lake
	Dans le refuge pour animaux, il y a…		In the animal shelter, there is/are…
la	**danse**	nf	dancing
	danser	v	to dance
le/la	**danseur/danseuse**	nm/f	dancer
le	**dauphin**	nm	dolphin
	de		of
la	**décoration**	nf	decorating/decoration
	décorer	v	to decorate
	découvrir	v	to discover
	défendre	v	to defend
	défendre les droits de l'homme	v	to defend human rights
	déjà vu		a feeling that you have seen or heard something before
le	**déjeuner**	nm	lunch

cent-quarante-neuf 149

Glossaire

le	délice	nm	delight/delicacy
	délicieux	adj	delicious
le	demi-frère	nm	half/step-brother
la	demi-sœur	nf	half/step-sister
le	dentiste	nm	dentist
	de plein air	adj	outdoor
	de plus		also
	derrière	prep	behind
	des		some
le	dessin	nm	drawing
	de temps en temps		occasionally
	détester	v	to hate
les	deux	nm pl	both
	devant	prep	in front of
	développer	v	to develop
	développer ma confiance en moi	v	to develop my self-confidence
le	diable	nm	devil
la	diablesse	nf	she-devil
	différent(e)	adj	different
	difficile	adj	difficult
le	dimanche	nm	Sunday
	discuter	v	to chat
	donc	conj	therefore/so
	droit(e)	adj	right
les	droits de l'homme	nm pl	human rights
	drôle	adj	funny
	dur(e)	adv	hard
	dynamique	adj	dynamic

E

l'	eau (minérale)	nf	(mineral) water
l'	école	nf	school
l'	école verte	nf	green school
l'	écologiste	nm/f	ecologist
	écouter	v	to listen
	écouter de la musique	v	to listen to music
	écrire	v	to write
l'	éducation physique et sportive (EPS)	nf	physical education (PE)
l'	élément	nm	element, part
l'	éléphant	nm	elephant
l'	élève	nm/f	student/pupil
	Elle ne me juge pas.		She doesn't judge me.
	en	prep	in/to
	en dehors	adv	outside
	en équipe	adv	in a team
	énergisant	adj	energising
	engagé(e)	adj	engaging
	en ligne	adv	online
	ennuyeux/ennuyeuse	adj	boring
l'	enseignant(e)	nm/f	teacher
	ensemble	adv	together
	enthousiaste	adj	enthusiastic
l'	entraîneur/entraîneuse	nm/f	sports coach
	entre	prep	between
	environ	adv	about (approximately)
l'	équipe	nf	team
l'	escalade	nf	climbing
l'	escargot	nm	snail
l'	espagnol	nm	Spanish
	et	conj	and
les	États-Unis	nm pl	United States
l'	été	nm	summer
les	étoiles	nf pl	stars
	être	v	to be
	être citoyen du monde	v	to be a citizen of the world
	être d'accord	v	to agree
	être engagé(e)	v	to be committed
	être fan de…	v	to be a fan of…
	être passionné(e) par…	v	to be passionate about…
	être stressé(e)	v	to be stressed out
	exactement	adv	exactly
l'	expérience	nf	experience

F

le	fab lab	nm	fab(rication) lab
	faire	v	to do/make
	faire des activités de plein air	v	to do outdoor activities
	faire des recherches	v	to do research
	faire du bénévolat	v	to volunteer
	faire du sport	v	to do sport
	faire la cuisine	v	to cook
	faire la fête (avec des amis en ligne)	v	to have a party (with friends online)
	faire un stage	v	to do a work placement
la	famille	nf	family
le	fan	nm	fan
	fascinant(e)	adj	fascinating
le	féminisme	nm	feminism
la	femme	nf	woman
la	fête	nf	party
la	fierté	nf	pride
la	fille	nf	girl
le	film	nm	film
la	fleur	nf	flower
	foncé(e)	adj	dark
	fondu(e)	adj	melted
le	foot(ball)	nm	football
le	footing	nm	jogging
la	forêt	nf	forest
le	français	nm	French language
	français(e)	adj	French
la	France	nf	France
la	frange	nf	fringe (hair)
	frisé(e)	adj	curly
	frit(e)	adj	fried
les	frites	nf pl	chips
le	fromage (fondu)	nm	(melted) cheese
les	fruits	nm pl	fruit

G

	gagner	v	to win
le	garçon	nm	boy
le/la	garde forestier du parc national	nm/f	national park ranger
	gauche	adj	left
	généreux/généreuse	adj	generous
	génial(e)	adj	great
	gentil/gentille	adj	kind
la	géographie	nf	geography
la	girafe	nf	giraffe
	grand(e)	adj	big
le/la	grand(e) couturier/couturière	nm/f	top fashion designer
le	grand frère	nm	older brother
le	grand-père	nm	grandfather
la	grand-mère	nf	grandmother
la	grande sœur	nf	older sister
le/la	graphiste	nm/f	graphic designer
le	gris	nm	grey
	gris(e)	adj	grey
le	gruau	nm	porridge
la	Guadeloupe	nf	Guadeloupe
le/la	guide touristique	nm/f	tour guide
le	gymnase	nm	gym

H

	habillé(e)	adj	dressed
	habiter à …	v	to live in …
le	hijab	nm	hijab
le	hip-hop	nm	hip-hop
l'	histoire	nf	history
l'	histoire-géo	nf	history and geography
l'	hiver	nm	winter
le	hotdog	nm	hot dog
l'	hôtel	nm	hotel

Glossaire

I

l'	idée	nf	idea
l'	identité	nf	identity
	Il y a…		There is/there are…
	impatient(e)	adj	impatient
	important(e)	adj	important
l'	informatique	nf	ICT
l'	ingénierie	nf	engineering
	inspirer	v	to inspire
	intelligent(e)	adj	intelligent
	(super) intéressant(e)	adj	(very) interesting
l'	interprète	nm/f	interpreter

J

	J'ai faim.		I'm hungry.
	J'ai soif.		I'm thirsty.
	jamais	adv	never
le	jambon	nm	ham
le	jardin	nm	garden
le	jaune	nm	yellow
	jaune	adj	yellow
le	jazz	nm	jazz music
le	jean	nm	jeans
	Je jouerai au basket aux États-Unis.		I will play football in the United States.
	Je mangerai des bonnes choses.		I will eat good things.
	Je ne quitterai pas ma famille.		I won't leave my family.
	Je ne regretterai rien.		I will regret nothing.
	Je quitterai la France.		I will leave France.
	Je recycle mes trucs.		I recycle my things.
	Je resterai près de ma famille.		I will stay close to my family.
	Je suis plus/moins … que …		I am more/less … than …
	Je suis un bébé.		I am a baby.
	Je travaillerai dans notre restaurant.		I will work in our restaurant.
	Je trouve ça cruel.		I find it cruel.
	Je visiterai beaucoup de pays différents.		I will visit lots of different countries.
	Je voudrais être…		I would like to be…
	Je voyagerai.		I will travel.
le	jeu	nm	game
le	jeudi	nm	Thursday
le	jeu de société	nm	board game
les	Jeux olympiques	nm pl	Olympic Games
le	jeu vidéo	nm	video game
	jouer (à)	v	to play
	jouer à des jeux de société/des jeux vidéo	v	to play board/video games
le/la	joueur/joueuse	nm/f	player/gamer
la	journée	nf	day
	juger	v	to judge
la	jupe	nf	skirt
	juste	adj	fair

L

	là	prep	there
	là-bas	prep	over there
le	labo(ratoire) (de sciences)	nm	(science) lab(oratory)
le	lac	nm	lake
la	langue	nf	language
	le/la/les		the
la	lecture	nf	reading
les	légumes	nm pl	vegetables
la	limace	nf	slug
la	limonade	nf	lemonade
le	lion	nm	lion
	lire	v	to read
le	livre	nm	book
les	loisirs	nm pl	leisure activities
	long(ue)	adj	long
le	lundi	nm	Monday
la	lune	nf	moon
le	Luxembourg	nm	Luxembourg
le	luxembourgeois	nm	Luxembourgish
	luxembourgeois(e)	adj	Luxembourgish
le	lycée	nm	high school

Glossaire

M

	magique	adj	magical
	magnifique	adj	magnificent
	mais	conj	but
la	maison	nf	house
le	manga	nm	manga
	manger (des bonnes choses)	v	to eat (good things)
le	mardi	nm	Tuesday
le	marron	nm	brown
	marron	adj	brown
la	Martinique	nf	Martinique
les	maths	nf pl	maths
la	matière	nf	school subject
le	mec	nm	guy
la	médaille	nf	medal
le	médecin	nm	doctor
la	méditation	nf	meditation
	méditer	v	to meditate
	meilleur(e)	adj	best
le/la	meilleur(e)	nm/f	the best
le	mème	nm	meme
la	mer	nf	the sea
le	mercredi	nm	Wednesday
la	mère	nf	mum/mother
	merveilleux/ merveilleuse	adj	marvellous
	mettre	v	to put
	mettre la table	v	to set the table
	Miam-miam!		Yummy!
	mi-long(ue)	adj	medium-length
la	mode	nf	fashion
le	modèle	nm	role model
	moi		me/myself
	Moi, c'est… / Mon nom, c'est…		My name is…
	moins		less
le	monde	nm	world
	Mon école, c'est…		My school is…
	Mon élément préféré, c'est…		My favourite element/ part is…
la	montagne	nf	mountain
	mon/ma/mes		my
	mon/ma meilleur(e) ami(e)	nm/f	my best friend
	monochrome	adj	monochrome
	mon/ton animal préféré		my/your favourite animal
	Mon truc, c'est…		My thing is…
le	mossi	nm	Mossi
les	moules(-frites)	nf pl	mussels (and chips)
la	moutarde	nf	mustard
le	musée	nm	museum
la	musique	nf	music
la	musique pop	nf	pop music

N

	nager	v	to swim
la	natation	nf	swimming
la	nature	nf	nature
le	néerlandais	nm	Dutch
les	nems	nm pl	spring rolls
	ne … pas		not
	Ne t'en fais pas!		Don't worry!
	Noël		Christmas
le	noir	nm	black
	noir(s)	adj	black (hair colour)
le	nom	nm	name
les	nouilles	nf pl	noodles
	nul(le)	adj	rubbish

O

l'	océan	nm	ocean
l'	œuf	nm	egg
l'	ognon	nm	onion
	ondulé	adj	wavy (hair)
l'	orange	nm	orange
	orange	adj	orange
l'	orchestre	nm	band/orchestra
l'	ordinateur	nm	computer
l'	otarie	nf	sea lion

cent-cinquante-trois 153

Glossaire

	ou		or
	où		when
	oui		yes

P

le	pain	nm	bread
la	paix	nf	peace
la	palette	nf	palette
le	pantalon	nm	trousers
la	panthère	nf	panther
	par		by
	parce que	conj	because
	par contre		on the other hand
	paresseux/paresseuse	adj	lazy
	parfois	adv	sometimes
	parler	v	to speak
	partout	adv	throughout/everywhere
la	passion	nf	passion
	passionnant(e)	adj	exciting
	passionné(e) par…	adj	passionate about…
	patient(e)	adj	patient
le	patinage artistique	nm	figure skating
le	patois	nm	Patois
la	pause-déjeuner	nf	lunch break
le	pays	nm	country
la	pêche	nf	fishing
la	peinture	nf	painting
le	pélican	nm	pelican
le	penalty	nm	penalty
	pendant		during
	pendant les vacances		during the holidays
	pendant l'été		during the summer
	pendant une année		for a year
le	père	nm	dad/father
	personnel(le)(s)	adj	personal
	Personne n'est parfait!		Nobody's perfect!
	petit(e)	adj	small/younger
le/la	petit ami/petite amie	nm/f	boyfriend/girlfriend
le	petit-déjeuner	nm	breakfast
le	petit frère	nm	younger brother
la	petite sœur	nf	younger sister
le	phô	nm	phô
la	physique-chimie	nf	physics and chemistry
le	piano	nm	piano
le	piment	nm	pepper
la	place	nf	square
la	planète	nf	planet
	plus		more
	plusieurs	adj	several
	plus tard	adv	later on
le	podcast	nm	podcast
le	pont	nm	bridge
la	pop	nf	pop (music)
le	porc	nm	pork
le	portable	nm	mobile phone
	porter	v	to wear
le	portrait	nm	portrait
le	poulet (braisé)	nm	(braised) chicken
	Pourquoi?		Why?
la	poutine	nf	poutine
	préféré(e)	adj	favourite
	préférer	v	to prefer
	premier/première	adj	first
	prendre	v	to take (have/eat)
	près de	adv	close to/near
le	printemps	nm	spring
le	problème	nm	problem
le/la	prof(esseur)	nm/f	teacher
	professionnel(le)	adj	professional
le	projet (en photographie)	nm	(photography) project

Q

la	qualité	nf	quality
	quand		when
	québécois(e)	adj	Quebecker
	quel(le)	adj	which/what
	Quel est ton élément préféré?		What is your favourite element/part?

Glossaire

	quelquefois	adv	sometimes
	quelqu'un		someone
	Qu'est-ce que…?		What…?
	Qu'est-ce que tu fais comme matières?		What subjects do you do?
	Qu'est-ce que tu vas prendre?		What are you going to have?
la	question	nf	question
la	queue de cheval	nf	ponytail
	qui		who
	quitter	v	to leave
	quoi		what

R

	raide	adj	straight
	rarement	adv	rarely
	réalisateur/réalisatrice	nm/f	filmmaker/director
les	recherches	nf pl	research
la	récréation	nf	breaktime
le	refuge	nm	shelter
	regarder	v	to watch
	regarder des films/des séries/la télé	v	to watch films/series/TV
	regarder des films de super-héros	v	to watch superhero films
	régional(e)	adj	regional
	regretter	v	to regret
	relaxant(e)	adj	relaxing
le	repas	nm	meal
la	République démocratique du Congo	nf	The Democratic Republic of the Congo
le	requin	nm	shark
le	réseau	nm	network
les	réseaux sociaux	nm pl	social media
le	respect	nm	respect
	respecter	v	to respect
	respecter les autres	v	to respect others
le	restaurant	nm	restaurant
	rester	v	to stay
le	rêve	nm	dream

	rien	adv	nothing
	rigolo	adj	funny
la	rive	nf	(river) bank
le	riz	nm	rice
le	rose	nm	pink
	rose	adj	pink
le	rouge	nm	red
	rouge	adj	red
la	routine	nf	routine
	roux/rousse	adj	red (hair colour)
la	rue	nf	street

S

la	salle	nf	room
la	salsa	nf	salsa
le	samedi		Saturday
	s'amuser	v	to enjoy oneself
le	saut	nm	jump
les	sciences	nf pl	sciences
les	sciences de la vie et de la terre (SVT)	nf pl	biology
	s'éclater	v	to have fun
	se déguiser	v	to dress up/disguise oneself
le	Sénégal	nm	Senegal
	sénégalais(e)	adj	Senegalese
	se parler	v	to talk to each other
	se retrouver	v	to meet
la	série	nf	series
	seulement	adv	only
la	silhouette	nf	silhouette
le	singe	nm	monkey
le	sirop d'érable	nm	maple syrup
	sociable	adj	sociable
	social	adj	social
le	soleil	nm	sun
	sombre	adj	dark
	sortir	v	to go out
	sortir en famille	v	to go out as a family
	sous	prep	under

cent-cinquante-cinq 155

Glossaire

le	souvenir	nm	souvenir/memory
	souvent	adv	often
le	sport	nm	sport
	sportif/sportive	adj	sporty
le	stage	nm	work placement
	stressé(e)	adj	stressed out
	stresser	v	to stress out
	strict(e)	adj	strict
le/la	styliste	nm/f	fashion designer
	suisse	adj	Swiss
	suivre	v	to follow
	suivre des cours en ligne	v	to follow courses online
	suivre mes comptes préférés	v	to follow my favourite accounts
	super	adj	super
	sur	prep	on
	sûr(e)	adj	safe/secure
	surtout	adv	above all
le	sweat à capuche	nm	hoodie
	sympa(thique)	adj	nice
le	swahili	nm	Swahili

T

la	table	nf	table
la	tablette	nf	tablet
le	tango	nm	tango
la	technologie	nf	technology
la	télé	nf	TV
	télécharger	v	to download
le	téléphone (portable)	nm	(mobile) phone
le	tennis	nm	tennis
la	tenue	nf	outfit
le	terrain	nm	court/pitch
le	terrain de basket	nm	basketball court
le	terrain de foot	nm	football pitch
le	thé	nm	tea
le	théâtre	nm	theatre
	timide	adj	shy
les	toilettes	nf pl	toilets
	tolérant(e)	adj	tolerant
	ton/ta/tes		your (sing. person)
	ton/ta meilleur(e) ami(e)	nm/f	your best friend
	top	adj	great
la	tortue	nf	turtle
	toujours	adv	always
la	Toussaint	nf	All Saints' Day
	tout(e)	adj	all
	tous/toutes les deux		both (of us)
le	travail	nm	work
	travailler	v	to work
	travailler à l'étranger	v	to work abroad
	travailler avec des animaux/des enfants	v	to work with animals/children
	travailler dans le jardin	v	to work in the garden
	travailler dur	v	to work hard
	travailler en équipe	v	to work in a team
	travailler pour une école verte	v	to work for a green school
	travailleur/travailleuse	adj	hard-working
	très	adv	very
	tressé(e)	adj	braided
	trop	adv	too
	trop bien	adj	really good
	trouver	v	to find (think)
le	truc	nm	thing
le	t-shirt	nm	t-shirt
	Tu aimes quoi?		What do you like?
	Tu détestes quoi?		What do you dislike?
	Tu es d'accord?		Do you agree?
le	tuto	nm	tutorial
	Tu trouves ça comment, …?		How do you find …?
le	type	nm	type
	typique	adj	typical

Glossaire

U

	un/une/des		a/an/some
l'	université	nf	university
	utiliser	v	to use

V

les	vacances	nf pl	holidays
	valoriser	v	to appreciate/recognise
le	vélo	nm	cycling
le	vendredi	nm	Friday
	vers	p	at about
le	vert	nm	green
	vert	adj	green
la	veste	nf	jacket
le	vêtement	nm	item of clothing
les	vêtements	nm pl	clothes
le/la	vétérinaire	nm	vet
la	vidéo (drôle/d'animaux)	nf	(funny/animal) video
la	vie	nf	life
	vif/vive	adj	bright
le	village	nm	village
la	ville	nf	town
le	violet	nm	violet/purple
	violet(te)	adj	violet/purple
	visiter	v	to visit
	vivre	v	to live
	vivre ensemble	v	to live together
	Voici…		Here is…
	voir	v	to see
	voir des amis	v	to see friends
la	voiture	nf	car
	vouloir	v	to want
	voyager	v	to travel
	voyager à l'étranger	v	to travel abroad
	Voyons…		Let's see…

W

la	webradio	nf	online radio station

Y

les	yeux	nm pl	eyes

Z

le	zoo	nm	zoo

OXFORD
UNIVERSITY PRESS

Great Clarendon Street, Oxford, OX2 6DP, United Kingdom

Oxford University Press is a department of the University of Oxford. It furthers the University's objective of excellence in research, scholarship, and education by publishing worldwide. Oxford is a registered trade mark of Oxford University Press in the UK and in certain other countries.

© Oxford University Press 2023

The moral rights of the authors have been asserted

First published in 2023

All rights reserved. No part of this publication may be reproduced, stored in a retrieval system, or transmitted, in any form or by any means, without the prior permission in writing of Oxford University Press, or as expressly permitted by law, by licence or under terms agreed with the appropriate reprographics rights organization. Enquiries concerning reproduction outside the scope of the above should be sent to the Rights Department, Oxford University Press, at the address above.

You must not circulate this work in any other form and you must impose this same condition on any acquirer

British Library Cataloguing in Publication Data
Data available

978-1-38-203311-4

978-1-38-203313-8 (ebook)

10 9 8 7 6 5 4 3 2 1

The manufacturing process conforms to the environmental regulations of the country of origin.

Printed in Great Britain by Bell and Bain Ltd., Glasgow

Acknowledgements

The publisher and authors would like to thank the following reviewers for their help and advice:

Liz Black, Danièle Bourdais, Judith Goad, Lisa Panford and Gillian Peiser.

Vocabulary from the course has been cross-checked for frequency using the MultiLingProfiler tool from the National Centre for Excellence for Language Pedagogy (NCELP):

Finlayson, N., Marsden, E., Anthony, L., Bovolenta, G., & Hawkes, R. (2021). *MultiLingPro iler* (Version 2) [Computer software]. University of York. https://www.multilingprofiler.net/

Anneli McLachlan would like to thank Alex Harvey, Theo Harvey, Eleanor Harvey and Jasper Harvey for their endless patience with her questions on youth culture. Thanks also go to Mathieu Mondange and students at the International School of Los Angeles, to Yvonne Kennedy, Lisa Panford, Eve Hedley, Melissa Weir and all of the Oxford MFL team. Finally, Anneli would like to thank Penny, her cat, for not sitting on her computer too much.

Audio recordings produced by Colette Thomson for Footsteps Productions Ltd and Andy Garratt (sound engineer).

Links to third party websites are provided by Oxford in good faith and for information only. Oxford disclaims any responsibility for the materials contained in any third party website referenced in this work.

The publisher and authors would like to thank the following for permission to use photographs and other copyright material:

Cover artwork: Scott Nellis.

Photos: Throughout: Cosmic_Design/Shutterstock; **p10:** funkyfood London - Paul Williams / Alamy Stock Photo; **p11:** Maria Bobrova/Getty Images; **p12(tl):** Asier Romero/Shutterstock; **p12(tm):** SB Arts Media/Shutterstock; **p12(tr):** LeoPatrizi/Getty Images; **p12(bl):** insta_photos/Shutterstock; **p12(bm):** SolStock/Getty Images; **p12(br):** Valerio Angelini/Shutterstock; **p13:** Abaca Press / Alamy Stock Photo; **p18(l):** mTaira/Shutterstock; p18(l,inset): Matt Hahnewald Photography / Alamy Stock Photo; **p18(m):** Stock-Asso/Shutterstock; p18(m,inset): imageBROKER / Alamy Stock Photo; **p18(r):** Sunshine Seeds/Shutterstock; p18(r,inset): DiversityStudio/Shutterstock; **p21(tl):** Rick Gomez/Getty Images; **p21(tr):** GCShutter/Getty Images; **p21(b):** EyeEm / Alamy Stock Photo; **p22(l):** Diego Barbieri/Shutterstock; **p22(r):** Melanie Lemahieu/Shutterstock; **p23(t):** Dasha Rusanenko/Shutterstock; **p23(b):** ph.FAB/Shutterstock; **p24(t):** Hampus design/Shutterstock; **p24(b):** Andia / Alamy Stock Photo; **p25(l):** THOMAS SAMSON/AFP via Getty Images; **p25(m):** Abaca Press / Alamy Stock Photo; **p25(r):** Pool CATARINA/SAMSON/Gamma-Rapho via Getty Images; **p28(t):** Krakenimages.com/Shutterstock; **p28(b):** Lambert And Young/Getty Images; **p29(b):** VP Photo Studio/Shutterstock; **p29(t):** Africa Studio/Shutterstock; **p32(a):** Nature Picture Library / Alamy Stock Photo; **p32(b):** Voronin76 / Shutterstock; **p32(c):** Hemis / Alamy Stock Photo; **p32(d):** Fred de Noyelle / Getty Images; **p32(e):** GEORGES GOBET / Getty Images; **p32(f):** Justin Sullivan/Getty Images; **p32(g):** ISSOUF SANOGO/AFP via Getty Images; **p32(h):** Travel Stock / Shutterstock; **p33:** Adam Hagy/NBAE via Getty Images; **p35(a):** AlexGreenArt / Shutterstock; **p35(b):** AtlasbyAtlas Studio / Shutterstock; **p35(c):** VectorPlotnikoff / Shutterstock; **p35(d):** NatBasil / Shutterstock; **p35(e):** Studio Barcelona / Shutterstock; **p35(f):** Mind Pixell / Shutterstock; **p35(g):** r.kathesi / Shutterstock; **p35(h):** Victoria_vector_art / Shutterstock; **p35(i):** Viktoriia_M / Shutterstock; **p37:** Yana Alisovna/Shutterstock; **p38:** Maskot/Getty Images; **p39(l):** Alesandro14 / Shutterstock; p39(l,inset): i_am_zews/Shutterstock; **p39(m):** Nook Hok/Shutterstock; p39(m,inset): Prostock-studio/Shutterstock; **p39(r):** Nook Hok/Shutterstock; p39(r,inset): Darren Baker / Shutterstock; p40(1): Prostock-studio/Shutterstock; p40(2): Alfa Photostudio/Shutterstock; p40(3): Maskot/Getty Images; p40(4): Dejan Dundjerski / Shutterstock; p40(5): Parilov/Shutterstock; p40(6): Ben Gingell/Shutterstock; **p41:** Maskot/Getty Images; **p44:** Joe Buglewicz/Getty Images; **p45:** Asier Romero/Shutterstock; **p46:** Nook Hok/Shutterstock; **p47:** Josep Curto/Shutterstock; **p51:** New Africa/Shutterstock; p54(1-6): o_m / Shutterstock; **p54(ml):** Andre Boukreev / Shutterstock; **p54(m):** Jene Smu / Shutterstock; **p54(mr):** Julia Sanders / Shutterstock; **p54(b):** Farknot Architect / Shutterstock; **p55:** Fesus Robert / Shutterstock; **p56:** Cameroonian artist Francis Essoua Kalu aka 'Enfant Precoce' poses outside his workshop on February 6, 2019 in Paris, STEPHANE DE SAKUTIN/AFP via Getty Images; **p57(r):** stu-khaii / Shutterstock; **p61:** Nadia Snopek / Shutterstock; **p62:** Master1305/Shutterstock; **p62(a):** Artem Onoprienko/Shutterstock; **p62(b):** DiversityStudio/Shutterstock; **p62(c):** Marko Rupena/Shutterstock; **p62(d):** WaiveFamisoCZ/Shutterstock; **p62(e):** Prostock-studio/Shutterstock; **p62(f):** Kiselev Andrey Valerevich/Shutterstock; **p63:** Prostock-studio/Shutterstock; **p65:** Monkey Business Images/Shutterstock; **p66:** Abaca Press / Alamy Stock Photo; **p67(l):** PNC/Getty Images; **p67(m):** Rawpixel.com/Shutterstock; **p67(r):** SeventyFour/Shutterstock; **p68(tl):** Yempabou Ouoba / EyeEm; **p68(tr):** Munyenge Eyambe / Alamy Stock Photo; **p68(bl):** john images / Getty Images; **p68(br):** Rachel Carbonell / Alamy Stock Photo; **p69(t):** Linda Hughes Photography/Shutterstock; **p69(bl):** AfriPics.com / Alamy Stock Photo; **p69(br):** john images / Getty Images; **p71:** Dreamcreation / Shutterstock; **p72:** Hampus design/Shutterstock; **p74:** StockSmartStart/Shutterstock; **p77(l):** Gamma-Rapho / Getty Images; **p77(m):** Gamma-Keystone / Getty Images; **p77(r):** Science History Images / Alamy Stock Photo; p78(1): knyazevfoto / Shutterstock; p78(2): Mohamad Itani/Getty Images; p78(3): Werner Lerooy / 500px/Getty Images; **p78(f):** NeMaria/Shutterstock; **p78(g):** Puwadol Jaturawutthichai/Shutterstock; **p79:** Tartila / Shutterstock; **p80:** S. Kuelcue/Shutterstock; **p83:** Africa Studio / Shutterstock; **p84:** Den Rozhnovsky/Shutterstock; **p85(t):** SpeedKingz / Shutterstock; **p85(b):** Robert DEYRAIL/Gamma-Rapho via Getty Images; **p86(l):** Daisy Daisy/Shutterstock; **p86(m):** New Africa/Shutterstock; **p86(r):** Ground Picture/Shutterstock; **p87:** Daniel M Ernst/Shutterstock; **p87(a):** Macon / Shutterstock; **p87(b):** CulombioArt/Shutterstock; **p87(c):** CulombioArt/Shutterstock; **p87(d):** CulombioArt/Shutterstock; **p88(tl):** École de cirque de Québec; **p88(tr):** sergiopazzano/Shutterstock; **p88(ml):** Ivan Zelenin/Shutterstock; **p88(mr):** BearFotos / Shutterstock; **p88(bl):** Gennaro Senatore / EyeEm / Getty Images; **p88(br):** Motortion Films/Shutterstock; **p89:** Tom Wang / Shutterstock; **p90:** Nook Hok/Shutterstock; **p90(a):** ESB Professional/Shutterstock; **p90(b):** VaLiza/Shutterstock; **p90(c):** gonzagon/Shutterstock; **p91:** pingebat/Shutterstock;

p91(a): Monkey Business Images/Shutterstock; **p91(b):** BSIP SA / Alamy Stock Photo; **p91(c):** Ground Picture/Shutterstock; **p91(d):** xavierarnau/Getty Images; **p91(e):** Mark Hillsdon / Alamy Stock Photo; **p95:** Chris Lawrence Travel/Shutterstock; p98(1): Stephane Cardinale - Corbis/Corbis via Getty Images; p98(2): Philippe Lecoeur/FEP/Icon Sport via Getty Images; p98(3): LIONEL BONAVENTURE/AFP via Getty Images; p98(4): Courtesy of Laura Nsafou. Used with permission from her literary agent Roxane Edouard, Curtis Brown; **p99(l):** Dean Drobot / Shutterstock; **p99(r):** PeopleImages.com - Yuri A / Shutterstock; p100(1): robuart/Shutterstock; p100(2): Aprndy Lsmna/Shutterstock; p100(3): Catalyst Labs/Shutterstock; p100(4): world of vector/Shutterstock; **p100(a):** Stephen Pond - British Athletics/British Athletics via Getty Images; **p100(b):** Courtesy Yero Sarr. Used with permission; **p100(c):** ph.FAB/Shutterstock; **p100(d):** EDMOND SADAKA EDMOND/SIPA/Shutterstock; **p102:** Andrei Minsk / Shutterstock; **p102(tl):** peeterv/Getty Images; **p102(tr):** Godong / Alamy Stock Photo; **p102(ml):** ZouZou / Shutterstock; **p102(mr):** Godong / Alamy Stock Photo; **p102(bl):** Anna Nahabed/Shutterstock; **p102(br):** Lisa Culton/Shutterstock; **p103(tl):** Samuel Borges Photography/Shutterstock; **p103(tr):** Prostock-studio / Shutterstock; **p103(bl):** Prostock-studio/Shutterstock; **p103(br):** Samuel Borges Photography/Shutterstock; **p105(t):** KittyVector/Shutterstock; **p105(b):** Bachkova Natalia/Shutterstock; **p106(a):** Stuart Jenner/Shutterstock; **p106(b):** VE.Studio/Shutterstock; **p106(c):** Jose Luis Pelaez Inc/Getty Images; **p106(d):** Andrey_Popov/Shutterstock; **p106(e):** tsyhun/Shutterstock; **p106(f):** Lingbeek/Getty Images; **p106(g):** valentinrussanov/Getty Images; **p106(h):** PeopleImages.com - Yuri A/Shutterstock; **p107(t):** NewsMarket; **p107(b):** Vivien Killilea/Getty Images; **p108(t):** ChrisVanLennepPhoto/Shutterstock; **p108(b):** AJ_Watt/Getty Images; **p109(t):** BearFotos / Shutterstock; **p109(b):** Schwabenblitz / Shutterstock; **p110:** Zibi / Shutterstock; **p110(tl):** Cavan Images / Alamy Stock Photo; **p110(tr):** Yacinefort/Shutterstock; **p110(bl):** Alex Pantling/Getty Images; **p110(br):** Andreas Rentz/Getty Images; **p110(b):** Marc Piasecki/Getty Images; **p111:** VGstockstudio / Shutterstock; **p112(tl):** Stephane Cardinale - Corbis/Corbis via Getty Images; **p112(tr):** Marc Piasecki/WireImage/Getty Images; **p112(bl):** Stephane Cardinale - Corbis/Corbis via Getty Images; **p112(br):** Sylvain Lefevre/Getty Images; **p113:** Andia / Alamy Stock Photo; **p117:** Gleb Usovich/Shutterstock; **p120(a):** Hemis / Alamy Stock Photo; **p120(b):** DiversityStudio / Shutterstock; **p120(c):** Maskot / Getty Images; **p120(d):** Lisa5201 / Getty Images; **p120(e):** i_am_zews / Shutterstock; p120(a-c inset): o_m / Shutterstock; p121(1): bonchan / Shutterstock; p121(2): smspsy / Shutterstock; p121(3): Moha El-Jaw / Shutterstock; p121(4): Joy Nnenna / Shutterstock; **p121(b):** mything / Shutterstock; p122(1): alvarog1970 / Shutterstock; p122(2): Africa Studio / Shutterstock; p122(3): Riccardo Mayer / Shutterstock; p122(4): Dragon Images / Shutterstock; **p125(tl):** byswat / Shutterstock; **p125(tr):** dotshock / Shutterstock; **p125(bl):** FranciscoMarques / Shutterstock; **p125(br):** Klever_ok / Shutterstock; **p126(bkg):** Tartila / Shutterstock; **p126(a):** Eric fdo / Shutterstock; **p126(b):** Foodio / Shutterstock; p126(c,t): kurganskiy / Shutterstock; p126(c,m): guy42 / Shutterstock; p126(c,b): Joshua Resnick / Shutterstock; **p126(d):** Chatham172 / Shutterstock; **p128(l):** Cagkan Sayin / Shutterstock; p128(l,inset): Nook Hok/Shutterstock; **p128(r):** Xinhua / Alamy Stock Photo; p128(r,inset): Nook Hok/Shutterstock; **p129(t):** © Vincent Perrottet; **p129(bl):** thenatchdl / Shutterstock; **p129(br):** Universtock / Shutterstock; **p131:** MuchMania / Shutterstock; **p132(t):** T photography / Shutterstock; **p132(m):** JEAN-MICHEL ANDRE/AFP via Getty Images; **p132(b):** T photograph / Shutterstock; **p133:** fizkes / Shutterstock; **p134(t):** Nikolayenko Yekaterina / Shutterstock; **p134(m):** BOLDG / Shutterstock; **p134(b):** Jake Brooker / Shutterstock; **p135(a):** vovan / Shutterstock; **p135(b):** Riccardo Mayer / Shutterstock; **p135(c):** Ian Dyball / Shutterstock; **p135(d):** Vibrant Image Studio / Shutterstock; **p135(e):** prambuwesas / Shutterstock; **p135(f):** Oya.Oraya Tepa / Shutterstock; **p135:** Bobbi Joy / Shutterstock; **p137(t):** Aruta Images / Shutterstock; **p137(bl):** Anna Jedynak / Shutterstock; **p137(br):** Christian Bertrand / Shutterstock; **p138:** olegganko / Shutterstock; **p139(t):** Sjale / Shutterstock; **p139(m):** fizkes / Shutterstock; **p139(b):** dotshock / Shutterstock; **p139:** hamdi bendali / Shutterstock.

Artwork by Mark Ruffle, Martyn Cain, Andrea Castro Naranjo, Javier Joaquin, Scott Nellis and Oxford University Press.

Every effort has been made to contact copyright holders of material reproduced in this book. Any omissions will be rectified in subsequent printings if notice is given to the publisher.

FSC MIX Paper | Supporting responsible forestry FSC® C007785